El jardín de las dudas

Colección Autores Españoles
e Hispanoamericanos

Fernando Savater

El jardín de las dudas

Finalista Premio Planeta
1993

Planeta

COLECCIÓN AUTORES ESPAÑOLES
E HISPANOAMERICANOS
Dirección: Rafael Borràs Betriu
Consejo de Redacción: María Teresa Arbó, Marcel Plans, Carlos Pujol y Xavier Vilaró

© Fernando Savater, 1993
© Editorial Planeta, S. A., 1993
Córcega, 273-279, 08008 Barcelona (España)

Diseño colección de Hans Romberg

Ilustración sobrecubierta: «Le doute», escultura de H. Cordier (1906), en el Parque de San Martín de Buenos Aires

Primera edición: octubre de 1993

Depósito Legal: B. 33.556-1993

ISBN 84-08-01048-4

Composición: Foto Informática, S. A.

Papel: Offset Munken Book, de Munkedals AB

Impresión y encuadernación: Cayfosa Industria Gráfica

Printed in Spain - Impreso en España

*A nuestros afrancesados, pasados
y presentes (¿los habrá futuros?);*
et pour Mademoiselle Torres, éperdument

Los salones del XVIII fueron jardines de dudas.

E. M. CIORAN

Madrid, junio de 177...

Sería yo la más presuntuosa de las mujeres si diera por supuesto que vos, el más alto y más solicitado talento de nuestra época, puede aún guardar un leve recuerdo de mí. Nos conocimos hace casi treinta años, cuando yo no tenía más que dieciséis. Fue en Versalles, durante las fiestas que celebraron el matrimonio del Delfín: para aquella ocasión vos estrenasteis *La princesa de Navarra*, que se convirtió en la sensación de la temporada. Sin duda es algo que os ha pasado ya tantas veces —el éxito, la gloria refulgente, la rendida admiración de los más nobles y de los más sabios— que todas esas ocasiones semejantes las rememoraréis ahora como un solo y prolongado episodio, envuelto en un único aplauso. Pero en aquellas jornadas jubilosas de Versalles, hace tres décadas, también estaba yo y presencié y participé con todo entusiasmo en la unánime ovación que os rodeaba. Una ovación que, pese a las discrepancias, ha seguido creciendo día tras día y ahora os llega desde toda Europa con halago merecido y atronador: la ovación de un siglo, de *vuestro* siglo.

Os aseguro que yo entonces era muy bonita, señor. Y nada tonta. Y un poco descarada. Aquella noche os vi cruzar ante mí, el salón abarrotado y rutilante, por una y rara vez sin nadie a vuestra vera para intentar seduciros o lograr importunaros. Teníais por entonces cuarenta y tantos años, la edad que yo padezco ahora, mientras que aquella tarde era sólo una niña frente al gran hombre. Pero no me arredré: «Señor de Voltaire, ¿acaso no me habéis visto, que pasáis sin saludarme?» Os detuvisteis y, apoyado en vuestro bastón de puño de plata, me dedicasteis la más graciosa de las reverencias. Luego os acercasteis para besar mi mano y decir, no sé si con la boca o con vuestros ojos chispeantes: «Señorita, si os hubiese visto no habría sido capaz de pasar.»

¿Nada más? Nada más. ¡Y hace ya tanto tiempo! Pero desde aquella velada regia os he sido fiel. Si me permitís uno de esos neologismos que no os agradan, os diré que a partir de esa noche y hasta hoy mismo nunca he dejado de ser *volteriana*. No sólo, claro está, por ese delicioso episodio de infancia. Os he leído, señor, conozco varias de vuestras tragedias y algunos de vuestros cuentos. Uno de ellos, *Cándido*, tiene siempre su puesto en mi tocador. Por eso me atrevo a escribiros, arriesgándome otra vez como aquella noche a impacientaros pero esperando de nuevo vuestra cortés benevolencia. Antes de aclarar lo que pretendo solicitaros, permitid que os cuente con brevedad cómo ha sido la vida de aquella muchachita cuya mano acariciaron vuestros labios.

Como os he dicho, nunca he sido tonta. Debo añadir que mi padre tampoco me hubiese consentido serlo. Era un *fermier général* que no tuvo hijos varones y que se preocupó con todo esmero de mi educación. Empezó por los idiomas. Gracias a sus desvelos puedo leer y expresarme correctamente en las cuatro lenguas cultas de Europa: francés, inglés, español e italiano. Por el contrario no consideró necesario que me esforzase en latín y griego, estudios que le parecían —creo que con mucha razón— propios de otra época. «Tus clásicos deben ser Racine y Corneille, Ariosto y Cervantes», me decía. A ellos añadí luego por mi cuenta Voltaire y Shakespeare... En vista de que mis progresos en geometría y física no resultaban demasiado evidentes, decidió reforzarme en música y me envió a Roma para que me ejercitase con maestros italianos. Allí conocí a don Nicolás de Azara, el embajador de España, hombre cultísimo, aficionado a la arqueología y a la pintura, así como también lector de *mi* Voltaire. Y fue este diplomático ilustrado quien me presentó un día en su residencia oficial a don Íñigo López de Losada, conde de Montoro, con quien al poco me casé.

Desde hace más de quince años residimos en Madrid. Don Íñigo ha sido el más considerado y liberal de los maridos. Compartimos la afición por la música, también en parte por la literatura y ambos detestamos (con suma discreción, claro está) las atrocidades del Santo Oficio y los embelecos de los jesuitas. Empero cada uno cultivamos pasiones propias que el otro tolera manteniéndose a distancia: los toros y la caza son las suyas y la mía predominante, ¿lo adivináis?, es leer a Voltaire. Hace diez años, cuando ya habíamos perdido la esperanza de tener descendencia, nos nació un hermoso niño que ha sido la alegría de esta casa nuestra, un poco demasiado madura y cultivadamente seria. Por cierto, que el niño se llama Francisco, oficialmente en honor del padre de mi esposo pero para mí en celebración de otro François que vos ya sabéis. Es mi Paco, mi Paquito, la dulzura de una vida que la declinación de los años me va haciendo cada vez más melancólica. ¡Ay, qué poco queda de la gracia que ostentó para vos aquella atrevida niña de dieciséis años en la fiesta de Versalles!

Perdonadme este itinerario biográfico y trivial, que difícilmente interesará a alguien como vos que suele compartir las confidencias de tantos reyes europeos y de una gran emperatriz. Sólo me queda haceros una última revelación, sobre la cual fundaré el ruego que voy a dirigiros. Señor de Voltaire, *me aburro*. No puedo más de aburrimiento en este Madrid que no es capital ni nada que se le parezca sino simplón pueblo grande, lleno de moscas, de mierda, de rezos, de curas, de hembras sin cerebro ni instrucción bostezando tras sus rejas y de gañanes embozados que no piensan más que en las fechorías de los bandoleros y en las estocadas de los matadores. En este país no se discute si Newton es más fiable en física que Descartes, ni se enfrentan los partidarios de Voltaire con los de Rousseau, ni los de Federico el Grande con los de Catalina de Rusia, ni los entusiastas de la música de Rameau con los que prefieren el estilo italiano: aquí nadie se apasiona más que por la facción de Pedro Romero frente a la de Costillares. Sólo se vive para ver morir en el ruedo, sólo se discute sobre las calidades comparadas de las diversas matanzas. Lo demás es siesta.

Y a mí ¿qué me queda? Tengo pocas amigas y no soy tan vieja ni tan española como para necesitar confesor. He tenido amantes, desde luego, pero ninguno extraordinario hasta el punto de hacerme olvidar que iba a sus brazos por fastidio, no por pasión. Ahora ya no soy joven y tengo demasiado orgullo para resignarme a ser considerada meramente interesante, después de haber sido arrebatadora: creo que la etapa de los amantes es pues capítulo cerrado. Adoro a mi hijo y estimo mucho a don Íñigo, pero francamente he de reconocer que ni la adoración ni la estima bastan tarde tras tarde para matar el tiempo inacabable. Por lo demás nunca me he molestado en aprender a bordar y, aunque amo la música, mis habilidades con el clavecín no pasan de mediocres.

De lo único que me siento capaz o, aún más, lo que creo hacer bastante bien es escribir. Pero no tengo a quién dirigir mis cartas y no es cosa de ponerme a componer versos o comedias: después de todo, soy una condesa. Y aquí empieza el estrépito de mi mayor atrevimiento. Quisiera escribiros a vos, señor de Voltaire. Aún voy más lejos: desearía que vos me contestaseis. Lo deseo más que nada en el mundo. Se trata de una osadía imperdonable, porque vos tenéis múltiples trabajos, estáis comprometido con el mundo a seguir dando incesantes muestras de vuestro genio, mantenéis correspondencia con los sabios más distinguidos y con varias testas coronadas... y yo, por mi parte, reconozco que carezco de títulos intelectuales y que me dirijo a vos porque no tengo nada mejor que hacer y porque me aburro. Soy caprichosa y egoísta, ya lo sé. Pero también sé que a vos, precisamente a vos, opuesto siempre a los pedantes y puritanos de este mundo, ni los caprichos ni el egoísmo os escandalizan: asumidos tan francamente como yo los tengo, quizá hasta os diviertan.

Señor de Voltaire, se os tiene por persona compasiva y yo os estoy pidiendo que me salvéis la vida. ¡No me dejéis morir de hastío! Si logro recibir unas líneas vuestras cada semana, o al menos cada mes, estaré curada. Viviré para disfrutar vuestros mensajes, para esperarlos con dulce impaciencia y para releerlos con deleite, para meditar mis respuestas de tal modo que os inciten de nuevo a escribirme. No os pido erudición ni filosofía en esa correspondencia. Primero, porque sé que las obtendré sin pedirlas, siempre que consiga vuestra atención. Segundo, porque no aspiro al Voltaire sabio, ni al Voltaire poeta o trágico, ni al Voltaire cortesano, maestro del siglo, sino nada menos que al Voltaire *hombre*. Sabemos gracias a vos cómo es el mundo, porque nos habéis explicado sus razones y desvelado sus flaquezas; pero ¿cómo sois vos mismo? Habéis iluminado los rincones más oscuros con la antorcha poderosa de vuestra inteligencia: ¿habréis de quedar vos, el más luminoso, oculto en la sombra ya derrotada?

Y si no queréis revelar vuestro ser ante los demás, por alguna íntima delicadeza que cabe comprender aun lamentándola, mostrádmelo al menos a mí sola en vuestras cartas. No debéis tener escrúpulo en esa ostentación porque yo propiamente no soy nadie y ni las personas más púdicas vacilan en desnudarse ante sus ayudas de cámara. Prometo devolveros con la mayor franqueza vuestra sinceridad; y prometo también que nadie salvo yo conocerá lo que vos queráis confiarme. Sobre todo, os amaré siempre, es decir, os seguiré amando pero ahora además os estaré infinitamente agradecida. ¿Es poco lo que os ofrezco? Nunca una gran divinidad, aunque reciba el culto de todo un continente, ha rechazado la veneración de otro templo, por humilde que éste sea.

CAROLINA DE BEAUREGARD,
CONDESA DE MONTORO

Ferney, junio de 177...

Empiezo a pensar que quizá los milagros existen, aunque no sean obra de torvos profetas ni de fanáticos convulsos, sino de mujeres amables, bellas e inteligentes. Desde este lóbrego sepulcro suizo, donde ya acomodo mi proyecto de cadáver como conviene a cualquier difunto resignado, escucho una voz suave que me ordena: «levántate y escribe». Es la vuestra, señora. ¿Cómo atreverme a seguir agonizando descortésmente, si vos me mandáis otra cosa?

Sin embargo, es probable que pronto os decepcione pese a poner toda mi voluntad en serviros. El tema acerca del cual queréis que os escriba se agota pronto: de hecho, podemos darlo ya por agotado. Voltaire *hombre* es cosa del pasado. Me pedís que os entretenga con una lección de arqueología sobre una momia en defectuoso estado de conservación. No hay tema menos digno de vos ni más propio para fomentar el aburrimiento en lugar de disiparlo.

Pero he prometido obedeceros. Intentaré esbozaros no mi retrato, sería excesiva presunción, sino mi esquema: resultará más que suficiente. ¿Recordáis la amarga humorada de Molière? *El cuerpo, ese harapo...* Me conviene el dictamen. Señora, he cumplido ya ochenta y tres años. Hace varias décadas, un informe policial —he sido reo dos o tres veces— me describía como «grande, seco y con aire de sátiro». Grande he dejado de serlo y ahora me encorvo a pocos palmos del suelo, apoyado por lo general en un bastón. Sigo siendo seco, siempre lo he sido. El único rasgo que me ha acompañado constantemente a lo largo —que no a lo ancho— de toda mi vida es la delgadez. Pero mi aire poco tiene que ver con la risa del sátiro sino con la mueca de la calavera. Hace veintitantos años, en Berlín, durante una de mis primeras visitas al rey Federico, padecí un ataque de escorbuto y perdí todos los dientes que aún conservaba. Desde entonces tengo la boca sumida y la piel de pergamino sobre huesos salientes, bajo dos ojos hundidos varias pulgadas en sus órbitas cavernosas. Mi cráneo está desguarnecido del mínimo mechoncillo tardío de cabello. Digamos que voy siendo liquidado poco a poco, al por menor. Los años nos van quitando el pelo, los dientes y también las ideas. A mí sólo me queda ya alguna de éstas y os la dedico con mucho gusto, señora.

Mi salud no puede ser peor aunque estoy seguro de que ya nunca será mejor. En realidad he estado gravemente enfermo desde la cuna: soy un moribundo crónico. Sufro mucho, pero sufro con paciencia y resignación. No como un cristiano sino como un hombre. Hoy mismo me encuentro tan mal que si mañana me dijesen que me he muerto no me extrañaría nada. Me alimento casi exclusivamente de café: unas treinta tazas diarias. Cuando los cólicos me desgarran recurro al opio, una de las pocas sustancias naturales que podrían servir de argumento a favor de la descabellada hipótesis de una Providencia benevolente. ¿Cómo he logrado durar tanto con tan escasas aptitudes innatas para la salud? Haciendo poco caso de los médicos y siguiendo mi propio régimen: dieta rigurosa —los buenos cocineros son siempre envenenadores de lujo— y el calor de la cama. Las demás terapias consisten en introducir drogas de las que se sabe poco en un cuerpo del que apenas se sabe nada. Empero, no debo ser injusto con los médicos. Aunque el noventa y ocho por ciento son simples charlatanes con veleidades criminales, hay algunos auténticos que a base de humanidad y destreza están por encima de todos los grandes de la tierra, porque conservar la vida es casi una tarea tan excelsa como crearla. Durante muchos años el doctor Tronchin, nuestro actual Hipócrates, se ha preocupado de mantenerme sobre la faz de la tierra. Lo ha conseguido, a pesar de mis desobediencias, y le estoy más agradecido por la buena intención que por los discutibles resultados.

Ecce homo. Éste es vuestro hombre Voltaire, señora condesa. Lo poco que queda de él os pertenece sin reservas. Merecéis mucho más, os lo aseguro. Si es un hombre lo que puede aliviar vuestro tedio, sin duda hay en Madrid media docena cuyo detenido conocimiento podría facilitaros mucha mayor fruición. Pero no creáis que pretendo rehuir la correspondencia que me proponéis. Sería fatuo a mi edad, porque lo es a cualquier edad, negar a una dama discreta y hermosa el único servicio placentero que tiene la bondad de solicitarme gentilmente. Si algún día me dieseis la enorme alegría de venir a Ferney, podría enseñaros un cuartito lleno hasta el techo de paquetes bien atados. Son los miles y miles de cartas que recibo y contesto, llegadas de toda Europa. Sin duda plantean una gran tarea para un pobre moribundo, pero una tarea deliciosa y que me mantiene vivo mejor que cualquier otra pócima salutífera. Puedo aseguraros que vuestra misiva me ha producido un placer singular, de cuya repetición no me quisiera privar en el futuro. Escribidme y os responderé. Pero dejemos en su catafalco el tema de Voltaire *hombre*, que suena a osario. Hablemos de cualquier otra cosa, de vos por ejemplo. Las ánimas del purgatorio alivian sus tormentos pensando en las criaturas celestes y suponiendo que algún día podrán encontrarse con ellas: estoy seguro, señora condesa, que no me dais ya como tantos curas por eternamente condenado y me lo demostraréis autorizándome a no hablar ni pensar más que en vos.

Quedo rendidamente vuestro en alma puesto que mencionar también mi cuerpo sería ofenderos.

De Voltaire
Gentilhombre ordinario del rey
De la Academia Francesa

Madrid, julio de 177...

Habéis sido excepcionalmente generoso respondiendo con tanta prontitud y tan favorable disposición a mi carta, pero temo que no habéis comprendido del todo lo que solicito de vuestra amable paciencia. Cuando os revelé mi interés por el Voltaire *hombre* no pretendía recibir un retrato más o menos jocoso de vuestro físico ni desde luego un parte médico de vuestros achaques, para los que os deseo dentro de lo posible un rápido alivio. Si yo pudiese conoceros personalmente, ningún otro placer superaría al de ese encuentro y estoy segura de que vuestra sola presencia, acompañada del hechizo de vuestra palabra, me proporcionaría mucho más duradero arrobo que otras formas de prestancia corporal más comunes. Pero por el momento esa alegría me está vedada y ciertamente no es posible sustituirla con descripciones de vuestra apariencia y vuestra fisiología, ni siquiera aunque provengan de esa pluma que tanto admiro por saber hacer interesante cuanto toca.

No, mi querido señor de Voltaire, el *hombre* al que me refiero no es el que ahora —debilitado de cuerpo pero no de ingenio— preside la razón europea desde su trono de Ferney, sino el que ha protagonizado durante tanto tiempo y con tanto brío los más distinguidos combates de nuestro siglo. No os pregunto por lo que esos ochenta años largos han hecho con vos, sino lo que vos habéis hecho durante su transcurso. Me gustaría conocer los azares y las empresas de vuestra vida, así como el devenir fructífero de vuestro pensamiento. Como comprenderéis, he oído mucho de lo que se cuenta acerca de vos desde hace décadas, pero me es imposible distinguir entre los detalles ciertos y las leyendas propaladas por la maledicencia o la veneración excesiva. Nada podría apasionarme más que conocer la verdad de vuestra aventura, garantizada por vos mismo. Vuestras obras son gloriosas pero sin duda la más excelsa de todas ellas es vuestra propia vida. ¿Es aspirar a un privilegio excesivo pediros que la rememoréis por escrito para mí?

Si decidís aceptar mi osada propuesta, confirmando así de nuevo que la magnanimidad suele acompañar al genio, os haré una promesa y os formularé un ruego (ya veis que soy como esas devotas insaciables, que nunca cesan de implorar nuevos favores a los santos a cuya milagrosa benevolencia se encomiendan). La promesa es que absolutamente nadie leerá las cartas que reciba de vos y que por tanto podéis expresaros con plena franqueza. Si no confiáis en mi discreción, hacedlo al menos en mi egoísmo, pues lo más delicioso del placer que vais a proporcionarme es que será exclusivamente para mí. Seréis mi privilegio y no lo compartiré con nadie. Vuestras palabras nacerán en vuestra pluma y morirán en mis ojos: que retocen entonces libremente y sin temor. En cuanto al ruego, mi último ruego, consiste en que olvidéis al escribirme mi sexo y mi condición. Sé que sois un hombre galante y os estimo aún más porque poseyendo la sabiduría de Sócrates y la agudeza de Diógenes no adoptáis la licenciosa grosería que a veces nos ofende en esos grandes hombres. Pero, por favor, no debilitéis vuestras confidencias con excesivos melindres por mi causa. Tratadme como a un hombre, como a uno de vuestros amigos o, si no merezco tanto, como a uno de vuestros discípulos al cual nunca desagrada nada de lo que le ilustra. Creo haberos asegurado ya que tengo buena educación y muy escasos prejuicios. Lo único que puede escandalizarme y parecerme poco respetuoso sería descubrir que no sois totalmente sincero conmigo al hablarme de vos.

Dejadme soñar por un momento que lo habéis aceptado todo, que sois un ángel y que os ponéis a mi servicio para salvar mi vida del hastío: ¡ya me parece veros cual Perseo cabalgando sobre el alado Pegaso (¿no puede ser ese célebre caballo volador un acertado emblema del moderno correo?), viniendo en mi rescate para alancear al monstruo del Aburrimiento, el más terrible de todos! Pues bien, entonces ¿por dónde comenzar? Puesto que no quisiera que abreviaseis nada, preferiría que empezaseis por el principio. ¿Cuáles fueron los orígenes de Francisco María Arouet? ¿Cómo y cuándo se convirtió en Voltaire? Sigo soñando: me parece ver cómo concluís de leer estas torpes líneas, asentís bondadosamente con la cabeza, sin ocultar una leve sonrisa y luego tomáis recado de escribir para complacerme. ¿Se trata sólo del sueño de una mujer infortunada?

CAROLINA DE BEAUREGARD

Ferney, julio de 177...

Señora, he decidido que no os debo negar nada. Incluso estoy dispuesto a proclamar que me gusta sufrir esclavitud si sois vos quien ejerce la tiranía. Desde luego no me considero ningún Perseo, pues me faltan músculos y me sobran huesos para ello, ni tampoco un Belerofonte, que es quien cabalgaba si no recuerdo mal el dichoso jaco volador o quizá otro bicho semejante. Sin embargo, aunque ni siquiera tengo el honor de ser vuestro escudero y serviros humildemente como a una de esas heroínas que aparecen en el poema de Ariosto, estad segura de que me unen a vos todos los sentimientos respetuosos de los caballeros de antaño.

Me pedís algo que a otros les resulta fácil e incluso inevitable, pero que hasta ahora no he sido capaz de hacer: hablar de mí mismo. Es una tarea que en el fondo me parece algo ridícula y de la que huyo nada más comenzada. El diario íntimo, las memorias, las confesiones autobiográficas son el único género literario que nunca he practicado realmente, yo, que he intentado todos los demás. Muestro así otra discrepancia de temperamento o de aptitud con Jean-Jacques Rousseau, pues ese elocuente enemigo del género humano es en cambio un rendido admirador de sí mismo.

Quien mejor ha ejecutado literariamente su autorretrato en nuestra lengua ha sido sin duda el señor Michel de Montaigne. Su escritura es viva y sabrosa, aunque a menudo incorrecta y a veces algo banal. Nos informa de que antaño prefirió el vino blanco al tinto pero que ahora parece volver a gustar de éste: no me siento capaz de dar a mis lectores noticias de semejante fuste. Sin embargo, ello no me lleva a compartir las críticas que Pascal vertió contra Montaigne, cuyo empeño admiro en conjunto, ni su dictamen jansenista de que «el yo es odioso». No odio a mi yo, pero ocurre que lo ignoro. Cuando trato de revelarlo explícitamente, me encuentro en seguida hablando de amigos, de enemigos, de sucesos históricos, de supersticiones o descubrimientos científicos. En el lugar de lo íntimo y secreto, yo tengo el mundo.

Francisco María Arouet es una persona; Voltaire, un personaje. Como dramaturgo que soy, comprenderéis que me haya ocupado más de alentar el segundo que de estudiar el primero. Creo que nuestra condición estriba en pensar sobre los objetos exteriores con los que tenemos una relación necesaria y no en escudriñar el vacío previo del que partimos, que somos y al que debemos volver. Tales consideraciones deberían inclinarme a daros una cortés pero firme negativa. Por el contrario, me pongo pese a todo a vuestras órdenes. Soy ya demasiado viejo para que ninguna mujer vaya a inspirarme el deseo de cometer otra locura por ella: no desaprovecharé la última oportunidad que se me ofrece.

Me decís que a veces es difícil discernir entre los hechos y las leyendas cuando se trata de mi biografía. Este equívoco se plantea desde la fecha misma de mi nacimiento. Preguntad qué día nací a la mayoría de los que creen saberlo: os responderán que vine al mundo el 21 de noviembre de 1694, en París. Si me lo preguntáis a mí, os diré que fue el 20 de febrero de ese mismo año, en Chatenay, muy cerca de París. Tras esta discrepancia se oculta una confusión de progenitores, como las que tanto suelen verse en los escenarios. Mi padre oficial fue Francisco Arouet, notario, casado con María-Margarita Daumard, de la que ya tenía otros dos hijos: Armand y María-Catalina. Yo nací ocho años después de mi hermana, de forma bastante inesperada. Por entonces mi madre estaba sin duda más que harta de su notario y buscaba ocasionalmente mejores consuelos. Mi padre efectivo fue uno de tales consoladores, cierto Rochebrune, autor dramático a salto de mata y también mosquetero, compositor de baladas, aventurero y sin duda bastante más ingenioso que Arouet padre. A causa de este embarazo comprometedor mi madre se retiró a la casa de campo familiar en Chatenay, donde me dio a luz a finales de febrero. Nací tan escasamente vivo que todos los interesados dieron por hecho que el problema se resolvería de inmediato por sí solo. Ni siquiera se molestaron en llevarme a bautizar, para evitar una publicidad inconveniente al episodio. Durante meses agonicé con perseverancia, actividad en la que he llegado a ser maestro a lo largo de mi vida. Cada mañana salía de mi cuarto la nodriza para informar a mi madre de que el desenlace fatal era inminente. Lágrimas, suspiros, quizá cierto alivio. Pero la chispita vital se negaba a extinguirse del todo. Ocho meses más tarde, a finales de noviembre, no hubo más remedio que admitirme como huésped provisionalmente estable en el mundo de los vivos. El 23 de noviembre fui bautizado en la iglesia de Saint-André-des-Arts, de París, registrándome como nacido dos días antes. Mi raquitismo fue mi primer disfraz y facilitó la primera trampa de mi existencia. No he guardado por todo este embrollo ningún rencor a mi madre, que murió cuando yo era aún muy niño. En mi dormitorio de Ferney, desde el que os escribo, cuelga su retrato pintado por Larguillière: lo miro y, ochenta años después, creo recordarla.

Mis primeros años transcurrieron administrados por clérigos. Espero haber hecho lo necesario después para que los últimos se vean libres de ellos. A partir de los diez años mi padre me puso interno en el colegio Louis-le-Grand de París, con los padres jesuitas. Hace tiempo se me preguntó por lo que me habían enseñado allí y repuse: latín y tonterías. No fui justo, al menos no del todo. En efecto, los jesuitas nos formaban en latín como si esa debiera ser nuestra lengua materna. Los clásicos eran Horacio, Virgilio, Tácito, Ovidio, Cicerón... aún los cito con mayor soltura que a los autores de hace cincuenta años. Sería el peor de los desagradecidos si les reprochara haberme permitido frecuentar a tan grandes ingenios. Pero en cambio les reprocho que no me enseñaron más a fondo la lengua francesa, instrumento ya maravillosamente maduro por medio del cual hoy podemos lograr sutilezas de precisión expresiva antes imposibles. En este punto (¡pero sólo en éste!) estoy más de acuerdo con sus rivales los jansenistas, que ya el siglo pasado, en su célebre *Lógica* de Port-Royal, aseguraron que el orden de las palabras en el francés era el más natural de todas las lenguas, por ser el más lógico. Uno de sus gramáticos, Louis Le Laboureur, aseguró en su obra *Ventajas de la lengua francesa sobre el latín* que «los antiguos romanos pensaban en francés antes de hablar en latín». No voy tan lejos, porque no me gusta propasarme hasta el disparate ni siquiera cuando hay una buena causa para ello, pero sostengo que el estudio de una lengua muerta no puede compensar la postergación del idioma más vivo y universal de nuestra época.

En cuanto a las tonterías que me enseñaron, señora, son los falsos razonamientos de su teología y los dogmas de una ciencia aprendida en los libros pero de espaldas a la naturaleza. Hasta aquí llegan mis censuras. Les debo, sin embargo, conocimientos menos desdeñables. Me inculcaron el respeto a los estilos antiguos de la epopeya, la tragedia y el diálogo, respeto que nunca he perdido y que me ha guiado a lo largo de mis ejercicios literarios. También me educaron en el afán por la precisión y la sobriedad verbal, que acepta el calor del sentimiento mientras sea justo pero lo evita cuando compromete el buen gusto. Desde mis años mozos, mi divisa en todo debate intelectual ha sido: ¡define tus términos! Eso lo aprendí de mis maestros jesuitas, que me previnieron en contra de las brumas místicas y de todos los enemigos del sentido común. Fueron tan buenos profesores que más de una vez, cuando he vuelto contra ellos sus propias enseñanzas, han debido sentir una mezcla de arrepentimiento y orgullo ante este discípulo suyo. Recuerdo al padre Tournemine, dialéctico tan fino y discreto que pudiera compararse con un Fontenelle; y al padre Porée, que desarrolló mi gusto por la tragedia clásica y con el que mantuve correspondencia durante muchos años: cuando escuchaba mis opiniones infantiles sobre política solía decir que me gustaba «pesar en mis pequeñas balanzas los grandes intereses de Europa». Muchos años después, en la corte de Federico el Grande o al dirigirme a Catalina de Rusia, cuando he creído posible orientar filosóficamente a los reyes con pobres resultados, se me ha venido a la memoria su suave ironía...

No, debo reconocer que no guardo en conjunto mal recuerdo de mis maestros jesuitas. Me adiestraron en una sabiduría mundana que me ha sido muy provechosa. Ahora que han sido expulsados de Francia procuro a veces ayudar a alguno de ellos a título personal, como a este padre Adam que tengo recogido aquí en Ferney y que juega conmigo al ajedrez. Incluso le dejo ganarme de vez en cuando, para que no se sienta tan inválido; cuando en cambio me gana sin mi permiso lanzo dicterios contra los crímenes de su orden, en los que conviene sonriente. En fin, señora, de todos los vicios el que detesto más apasionadamente es el de la ingratitud: si el diablo me hubiese hecho un favor, no dudéis que ahora os hablaría bien de sus cuernos... Lo que menos les disculpo a mis antiguos maestros era su tacañería, que les llevaba a no encender las estufas de invierno del Louis-le-Grand más que cuando llegaba a helarse el agua bendita en las pilas de la iglesia. Siempre he sido extremadamente friolero, así que recogía trozos de hielo del patio de recreo y los metía a escondidas en las pilas, para acelerar la llegada de la calefacción. Bien pensado, quizá toda mi vida puede ilustrarse con esa ingenua treta... Justifica, en cualquier caso, el veredicto que aquellos santos varones dictaron sobre mí: *puer ingeniosus, sed insignis nebulo*. Un muchacho bien dotado, pero de lo más descarado y travieso. ¿No es, a fin de cuentas, un diagnóstico tan válido para el viejo que soy como para el niño que fui?

Pero sin duda la mayor influencia educativa durante aquellos primeros años la ejerció mi padrino, el abate de Châteauneuf, un gran señor libertino amigo de la familia, en especial de mi madre, de la que quizá en algún momento fue algo más que simple amigo. A él le debo haber aprendido a construir correcta y armónicamente versos en francés, así como también me enseñó a detestar a los fanáticos. Cuando no tenía yo más que tres años me recitaba las fábulas de La Fontaine, adobadas con pícaros comentarios de su cosecha, y me hizo memorizar un poema agnóstico, *La Moisíada*, en el cual salían igualmente malparadas todas las religiones. Aún creo recordar algunos de sus versos:

> *Papistas, siameses, todos discuten;*
> *el uno dice blanco, el otro afirma negro*
> *y nunca están de acuerdo...*
> *Los hombres vanidosos y fanáticos*
> *se tragan sin dificultad*
> *las fábulas más quiméricas...*

En boca de un niño de tres años, estas verdades debían resultar algo chocantes. Pero mi padrino estaba muy orgulloso de mí. Una tarde me llevó a casa de su amiga Ninon de Lenclos, la legendaria cortesana. Tres generaciones habían desfallecido entre sus brazos y muchos se habían arruinado por comprar sus caricias. Además tenía mucho ingenio, era una auténtica mujer filósofa. Detestaba las supersticiones y la hipocresía: según cuentan, fue ella quien aconsejó a Molière el argumento de *Tartufo*. También dicen que cuando cumplió los sesenta años tuvo la fantasía de celebrarlo abriendo su exigente lecho a un abate. Mi padrino Châteauneuf fue el agraciado. La tarde que fuimos a verla tenía ya ochenta y cinco años. Estaba seca como una momia, infinitamente decrépita y arrugada, con la piel de un amarillo negruzco pegada a los huesos. Olía a alcanfor y a sedas enmohecidas. Pero aún disfrutaba con una charla ingeniosa. Ella, más que hablar, *Crujía* chispeantemente. Parloteé infantilmente sobre los jansenistas y le recité algunos epigramas de producción propia, malos en sí mismos pero prometedores para haber sido compuestos a los doce años. Debió apreciarlos, porque días más tarde, al dictar su testamento, Ninon me dejó mil francos «para comprar libros». Mi padre nunca me los hizo llegar y me quedé sin los libros; pero a partir de entonces siempre he sentido una inclinación rendida y tenaz por las mujeres que unen cierta desvergüenza en sus costumbres a la audacia en las ideas.

Aunque me llevaba muy bien con mi hermana Catalina, mi hermano mayor me resultaba insoportable. Armand era un fanático religioso, un jansenista furioso que nos sermoneaba a todas horas. Mi precoz afición a la poesía le escandalizaba como si se tratase de una suerte de posesión demoníaca. Mi padre se desesperaba con nuestras disputas y un día comentó, no sin gracia: «Tengo por hijos a dos locos, el uno en prosa y el otro en verso.» Al acabar el colegio, le comuniqué mi deseo de dedicarme al cultivo de la literatura y en especial mi afición al teatro. Se indignó, porque estaba convencido de que tal vocación me llevaría primero a la crápula y luego a la mendicidad. Lo cierto es que yo vivía entonces de forma bastante disipada y a los dieciséis años sacaba dinero de donde podía para gastarlo en mesas de juego y con chicas alegres de edades más convenientes a la mía que la de Ninon. Cierta noche volví tan tarde que me encontré la casa paterna cerrada; como estaba deliciosamente exhausto, me quedé dormido a la puerta, en una silla. Unos guasones me localizaron, me levantaron con sigilo y me llevaron con silla y todo frente al café de la Cruz de Malta, a orillas del Sena, donde desperté a la mañana siguiente entre la rechifla de los primeros bebedores.

Como buen notario, mi padre oficial hubiese querido verme cursar la carrera de derecho y hasta me ofreció, por persona interpuesta, comprarme una magistratura que me garantizaría un honroso papel social. Pero en mí podía más la sangre de mi verdadero progenitor, comediante y mosquetero, así que respondí con osadía a su enviado: «Decid a mi padre que no quiero la estimación que puede comprarse; yo sabré crearme una que no me costará nada.» Gracias a mi padrino el abate de Châteauneuf empecé a ser invitado a casas señoriales. Me senté a la mesa del duque de Vendôme, del príncipe de Conti y mis versos primerizos fueron elogiados por el anciano poeta Chaulieu, quien sabía rodearse de un ambiente sensual y relajado muy de mi gusto. Lo cierto es que el lujo es el clima que mejor me sienta. Como he decidido ser sincero, lo seré hasta la impudicia: creo que mi espíritu siempre ha tenido el don de la gracia mundana. Sobre todo me he entendido bien con las señoras, que como no ignoráis suelen ser las que más se aburren: a unas les componía madrigales y corregía con halagadora generosidad los versos que escribían otras. En aquellos tiempos y en París, quien triunfaba con las mujeres —no rindiéndolas, sino entreteniéndolas— tenía abiertas todas las puertas de la sociedad. Tal fue mi caso, aún adolescente.

Entonces el abate de Châteauneuf fue nombrado embajador en Holanda y me propuso irme con él a su nuevo destino en calidad de paje. Yo acepté por curiosidad y afán de cambio, con la bendición de mi padre, quien estaba convencido de que los aires de París eran demasiado embriagadores para mi alocada cabeza. En cuanto llegué a La Haya me enredé en el primer asunto amoroso serio de mi vida, lo cual demostró que el mal estaba en la cabeza y no en la ciudad. Mi adorada era la hija de una protestante francesa refugiada en Holanda y se llamaba Olimpia, aunque para mí fue Pimpette. «Sí, querida Pimpette, yo os amaré siempre... etc.» Entonces lo creía de buena fe. Mi padrino, hostigado por la madre, me arrestó en la embajada pero yo me escapaba por las noches para ver a Pimpette. Cuando ello no me fue ya posible, le envié mis ropas para que me visitase disfrazada de hombre, lo que efectivamente hizo con su mejor voluntad. En fin, el escándalo. Mi padrino, tolerante pero sólo hasta cierto punto, me reexpidió de nuevo a París para evitarse problemas con la señora madre, panfletista de pluma temible.

Mi padre me recibió con tal indignación que decidí empezar desganadamente mis estudios de derecho para evitar mayores conflictos. Entonces murió el viejo rey Luis XIV y terminó por fin, con quince años de retraso, el siglo XVII. Yo tenía ya diecinueve años, por lo que, en cierta medida, puedo considerarme un hombre del siglo pasado: es algo que suele recordarme como elogio mi amiga la señora Du Deffand, cuyas simpatías por la ilustrada centuria que vivimos son más tibias que las vuestras. El día del entierro del Rey Sol, que tan alto rango aunque a muy alto precio había conseguido para Francia en el mundo, a lo largo del camino hasta la iglesia de Saint-Denis se habían improvisado numerosos puestos de bebidas y músicos callejeros tocaban sus instrumentos. El pueblo estaba borracho y con ganas de bailar, capaz siempre de convertir el luto de los grandes en verbena de los pequeños. Era un espectáculo algo indecente pero que a mí me resultó aleccionador.

Como el heredero era aún menor de edad, se ocupó de la Regencia el sobrino del viejo rey, Felipe de Orleans. Me resulta difícil juzgar a ese hombre aunque ahora, con la distancia de los años, soy menos severo con él de lo que fui entonces. Sin duda tenía buenas cualidades y podría haber sido un gobernante ejemplar. Era liberal no sólo en sus opiniones, pues se le oyó alguna vez públicamente elogiar el sistema político inglés, sino sobre todo en su talante. También fue misericordioso, afable y valiente. Por encima de otros elogios puede decirse que carecía de crueldad y del pábulo que suele alimentarla, el rencor. Pero estaba dominado por un afán desmedido de gozar sin trabas, sin aplazamientos y sin que ninguna consideración de su dignidad moderase sus placeres. ¡Ay, señora, la fuerza del placer! El placer nos concede de inmediato lo que la sabiduría sólo promete. Por las mañanas el regente trabajaba con diligencia en los asuntos oficiales: durante su breve mandato construyó más carreteras que Luis XIV en todo su larguísimo reinado y mejoró la economía del país, agobiada por disparatadas empresas bélicas. Pero a partir de la tarde se dedicaba a la orgía con auténtico furor báquico. Tanta disipación fue embotando poco a poco su ánimo. Entregó el gobierno al indigno cardenal Dubois, el cual no tenía otro cuidado que el de enriquecerse ni otro temor que la posibilidad de que su mujer (pues estaba casado, aunque nadie lo sabía) rechazase un día el soborno y denunciase su amañada dignidad eclesiástica. Recién alcanzada la mayoría de edad de Luis XV murió Felipe de Orleans: le fulminó una apoplejía, completamente borracho y en brazos de una de sus queridas. Sólo contaba cuarenta y nueve años. Creo que tuvo muchos más vicios de la carne que del alma: le recuerdo algo así como a un Calígula amable.

El período de la Regencia fue uno de los más desordenados y ávidos de nuestra historia. Después de la rigidez grandiosa de Luis XIV, el país entero decidió tomarse un recreo. El regente dio ejemplo, imitado con alborozada prontitud por el resto de la sociedad, cada cual según sus posibilidades. La especulación económica se convirtió en el juego frenético de toda la sociedad. La licencia de las costumbres fue acompañada por la de las palabras. Empezaron a circular numerosos libelos contra el regente, en los que se le hacían todas las acusaciones que nadie se había atrevido a lanzar contra el viejo rey: me di cuenta de que los pueblos suelen utilizar la libertad contra quien se la concede, demostrando entonces la osadía de la que no fueron capaces frente a la autoridad del déspota. Siempre he tenido facilidad para la sátira y entonces era joven, es decir, fisiológicamente mordaz. Compuse algunas coplas intencionadas y lancé algunos dardos, muy celebrados por mis conocidos: después me atribuyeron toda ocurrencia crítica que hacía reír y podía molestar. Uno de los libelos más celebrados se titulaba *He visto*, porque todos sus párrafos comenzaban con esas palabras: he visto al pueblo gimiendo bajo una esclavitud rigurosa, he visto los impuestos abusivos, los estafadores impunes, he visto al soldado que muere de hambre, de sed, de despecho y de rabia, he visto, por decirlo todo, adorar a los jesuitas... Y terminaba así: he visto estos males y aún no tengo veinte años. Yo acababa de cumplirlos y me atribuyeron los versículos subversivos. Negué con toda energía, como tantas veces he debido negar en mi vida lo que no me convenía reconocer haber escrito; en este caso además los versos no eran míos, aunque eso tenía poca importancia. Sin embargo me pedían que los recitara en las reuniones y todo el mundo sonreía con complicidad ante mis furiosas negativas. Un día, paseando por los jardines de Palais-Royal, me crucé con el regente, a quien me habían presentado una vez en la ópera. Me llamó para decirme: «Señor Arouet, pienso haceros ver algo que aún no habéis visto: la Bastilla.» Le repuse: «No os molestéis, sire, la doy por vista.» Pocos días más tarde, en efecto, me llevaron a esa ilustre mazmorra, donde pasé un año y medio.

No diré que las condiciones de mi encierro fueran atroces, pero sostengo que todo encierro es atroz para un joven como lo era yo. Procuré mantenerme ocupado en la prisión. Allí escribí los primeros cantos de mi poema épico sobre Enrique IV, el rey liberal y tolerante que intentó obligar a los franceses a ser felices. Aproveché para decir en ellos con energía lo que siempre he pensado de los fanáticos y para elogiar a los buenos gobernantes que saben garantizar la libertad sin ceder al desorden. Como no tenía papel para escribir, fui anotando los versos entre las líneas de uno de los libros que se me consentía leer. Cuando finalmente fui puesto en libertad, pedí audiencia al regente, que me recibió con benevolencia irónica. «Sire —le dije—, encuentro muy agradable que Su Majestad se ocupe de alimentarme, pero suplico a Vuestra Alteza que no se preocupe más de mi alojamiento.» Se echó a reír, pues creo que sentía cierta simpatía por mí. Tampoco era precisamente devoto y desde luego no apreciaba a los supersticiosos fanáticos, de modo que teníamos algunas enemistades en común.

Por entonces tuvieron lugar en mi vida dos acontecimientos que iban a marcar decisivamente mis futuros derroteros: escribí mi primera obra teatral y la firmé añadiendo a mi apellido esas sílabas hoy demasiado conocidas, *Voltaire*. ¿Cómo se me ocurrió este nuevo nombre? Fue durante mi encierro en la Bastilla. Por ocio, quizá, por fastidio: por desafío. Cuando volviese a ser dado a luz del lóbrego vientre carcelario, quería aparecer como alguien con nuevas credenciales y con nueva fuerza. Se me ocurrió señalarlo apellidándome con aristocrático fingimiento «Arouet de Voltaire». He oído diversas explicaciones para esa elección. Hay quien dice que es un anagrama de «Arouet L(e) J(eune)», con *u* convertida en *v* y la *j* transformada en *i*. Rebuscado y redundante: ¿por qué firmar como Arouet de Arouet-le-jeune? Otros apuntan que «Voltaire» proviene de Veautaire, una pequeña granja situada en la parroquia de Asnières que me dejó un primo en herencia. Se acercan un poco más a la verdad, pero sin acertar: si tal hubiese sido el caso, me habría llamado «Veautaire» o al menos «Votaire». No, lo cierto es que inventé el nombre a partir del de un pueblecito cercano a Saint-Loup, cuna de la familia Arouet: se llama Airvault y yo lo transmuté en Voltaire, siguiendo mi gusto de ponerlo todo al revés de como suele presentarse. Pero la auténtica justificación de mi nuevo nombre de guerra fue su sonido: *Voltaire* es *volontaire, virevolter, revolter, voltigeur...* Suena a un estado de ánimo que suele ser el mío o que por lo menos lo fue hasta que los años me apagaron un tanto: voluntarioso, revoltoso y volatinero.

Mi primera tragedia se llamó *Edipo* y en ella

volví a contar a mi modo la terrible historia griega. Mis mayores innovaciones fueron introducir coros, al modo de los clásicos, y mi empeño en suprimir la esencial trama amorosa, que los comediantes y sobre todo las comediantas exigían para garantizar el éxito de cualquier pieza. En algunos versos deslicé mensajes que después he vuelto a reiterar de muchos modos:

No nos fiemos sino de nosotros:
consultemos a nuestros ojos
y que ellos sean nuestros augurios, nuestros oráculos
y nuestros dioses.

O también estos otros, que fueron especialmente celebrados:

> *Nuestros sacerdotes no son*
> *lo que el pueblo vano piensa,*
> *sin nuestra credulidad*
> *pierden toda su ciencia.*

Mi *Edipo*, sin embargo, no pretendía incitar a un debate político ni religioso: su propósito era conmover y agradar a los amantes del arte, ni más ni menos. Lo que yo quería crearme era un prestigio como poeta, no como líder rebelde. Pero mi fama de libelista antigubernamental y sobre todo anticlerical, recién salido de cumplir condena en la Bastilla, me jugó una mala pasada. La pieza tuvo desde el primer día un éxito enorme, aunque por razones equivocadas. Todo el mundo la consideró un ataque contra los sacerdotes, quizá contra la misma religión y desde luego contra el regente, aunque disimulado tras un ropaje clásico. ¿Por qué contra el regente? Si puede decirse que Felipe de Orleans era una suerte de Calígula amable, hay que reconocer que su hija —la duquesa de Berry— era una Mesalina con todos los agravantes. Murió antes que su padre, extenuada por los excesos y con poco más de veinte años. La maledicencia pública, creo que con bastante fundamento, murmuraba que la duquesa y su padre habían mantenido —quizá mantenían aún— relaciones incestuosas. Y la tragedia de Edipo gira precisamente sobre el incesto de los poderosos y los males que atrae sobre la ciudad en la que se comete. El público decidió que Edipo era el regente, Yocasta su hija, la duquesa de Berry, Tebas representaba a Francia (o París, al menos) y descubrió otras muchas analogías semejantes, cuya audacia celebró ruidosamente aunque a mí ni se me habían pasado por la cabeza. Entonces aprendí que el éxito encierra siempre una fuerte dosis de malentendido.

La duquesa de Berry no quiso perderse la obra de moda y asistió a una de las representaciones de mi *Edipo*. Tampoco faltó el propio regente, que la presenció por su lado acompañado de la duquesa de Orleans: me permití dedicar a ésta la pieza, en un gesto que algunos consideraron de suprema insolencia. Pese a los rumores contra mí, agigantados por envidiosos y beatos, el regente pareció en esta ocasión no querer darse por enterado. Como ya he indicado, creo que a su modo me apreciaba. Pero entonces comenzaron a correr de mano en mano unos versos terribles, anónimos, titulados *Filípicas* y de nuevo todos los dedos me señalaron acusadoramente como su autor. No era cierto tampoco esta vez, pero no merecía la pena esforzarse en negarlo. Ni desde luego estaba dispuesto a brindar la ocasión de que me llevasen por segunda vez a la Bastilla, que ahora sí daba definitivamente por vista. En tales circunstancias, París ya no era residencia conveniente para un filósofo y creo que Aristóteles fue muy sabio retirándose a Calcis cuando el fanatismo reinaba en Atenas. Decidí por tanto exiliarme durante algún tiempo al castillo de Sully, donde sabía que sería bien recibido, hasta que mi nombre dejara de sonar cada vez que algún gracioso anónimo atacase al gobierno. Salí de París al galope, envuelto en una gran tempestad. Contemplando tantos nubarrones y relámpagos, mientras nos ensordecía el estrepitoso desorden del temporal, comenté: «Vaya, parece que también el Reino celestial se ha convertido en Regencia.»

Ya no volví a instalarme en París hasta después de la muerte del regente. Entonces y durante un breve período de tiempo, todo pareció marchar a mi favor. Estrené varias obras teatrales con éxito variable —el número de mis enemigos era creciente— pero siempre con notoriedad. Hice circular, aún de modo semiclandestino, mi gran poema épico *La Enriqueida*, cuyos primeros cantos concebí en la Bastilla. Junto al elogio de Enrique IV, mi poema consistía en una denuncia de las guerras de religión y de las persecuciones por motivos de creencias. A partir de los horrores de la noche de San Bartolomé repasé en esos versos algunos de los innumerables casos históricos de sangre vertida para agradar a dioses crueles; denuncié con toda la elocuencia de que fui capaz a quienes invocan al Señor mientras pasan a sus hermanos a cuchillo. Puedo decir que mi *Enriqueida* impresionó a la opinión más ilustrada: algunos dijeron que era el mejor poema épico compuesto jamás en lengua francesa y hubo quien lo comparó ventajosamente con *La Eneida* de Virgilio. Entre los más devotos, empero, me granjeó pocas simpatías. El ser incapaz de amortiguar mi mordacidad también me valió muchas enemistades. Entre ellas la del viejo y pomposo Juan Bautista Rousseau, quien se empeñó en leerme su inacabable *Oda a la posteridad* para que le diera mi opinión, es decir, para que se la elogiase. «Creo que esa oda nunca llegará a su destinatario», dictaminé. No me lo perdonó.

El joven Luis XV me invitó a la corte y hasta mandó representar dos piezas mías, una tragedia y una comedia. Conocí a la reina con la que acababa de casarse, la princesa polaca María Leszcynska. A la reina le gustó la tragedia, con la que lloró, y también la comedia, con la que se rió bastante. Se me dirigía constantemente diciendo con su exótico acento «¡Ah, mi pobre Voltaire!» y me asignó de su propio peculio una pensión de mil quinientas libras, un gesto tan simpático como imprevisto. También conocí por esos días a milord Bolingbroke, cuya esposa era francesa y que pasaba una temporada en una villa cerca de París. Fue Bolingbroke quien me recomendó por primera vez la lectura de John Locke, el gran filósofo inglés que luego aprendí a admirar pero de cuyas opiniones por entonces no tenía más que una noción confusa y bastante errónea. En fin, solía verme invitado a las casas más señoriales y siempre en compañía de alta alcurnia, lo que arrebató un tanto mi cabeza aún inexperta y siempre proclive a la exaltación gozosa. En cierta ocasión, al sentarme a una mesa para cenar rodeado por los apellidos más ilustres de Francia, exclamé con risible petulancia: «¡Espero que aquí todos seamos por lo menos o príncipes o poetas!» No tardé mucho en darme cuenta a mi costa de la esencial diferencia entre unos y otros.

Disfrutaba yo entonces, señora, del aprecio de una de las mujeres más excepcionales que he conocido en mi vida, Adriana Lecouvreur. No sólo fue la mejor actriz de su época, sino también una persona de fina inteligencia natural, amiga de conversar con filósofos y gente de buena compañía. Mi amigo el conde de Argental y yo sentíamos por ella algo más tierno pero no menos respetuoso que la pura admiración artística. De su temprana muerte y del indigno proceder que se tuvo con sus restos quizá os hable en otra ocasión. El caso es que una noche me hallaba yo en el palco de la señorita Lecouvreur, asistiendo a una ópera nada memorable. Como siempre, diversos admiradores aparecían a cada momento para homenajear a la bella, que agradecía los cumplidos con donaire y una voz incomparable. Uno de los importunos fue el caballero de Rohan-Chabot, retoño degenerado de una de las más distinguidas familias de Francia, que se dedicaba a la usura para costearse su sórdido libertinaje. A este presuntuoso rufián, que se ufanaba de lo que lograron sus mayores hace cuatro siglos para excusar lo que él acababa de cometer hace cuatro horas, le molestó verme en tan buena relación con la señorita Lecouvreur. Después de unas cuantas zafiedades de corto ingenio, a las que le respondí con suavidad irónica, insistió: «¿Señor Arouet o señor de Voltaire? ¿Cómo diablos os llamáis?» Le contesté: «Soy el primero de un apellido modesto que procuro honrar, en lugar de arrastrar por el cieno un nombre ilustre.» Rohan-Chabot levantó su bastón para pegarme y yo eché mano de mi espada, dispuesto a que su ofensa no quedara impune. Con su habitual discreción y mucha profesionalidad artística, Adriana Lecouvreur se desmayó ostentosamente, lo que concluyó por el momento aquel desagradable incidente.

Pocos días más tarde me encontraba cenando

en la casa del duque de Sully cuando me trajeron aviso de que alguien deseaba verme a la puerta del palacio. Salí sin sospechar nada y encontré a cuatro sicarios que, sin mediar palabra, comenzaron a darme una rotunda paliza. Desde su carroza, estacionada a pocos pasos de allí, Rohan-Chabot contemplaba el espectáculo y hasta se permitía recomendarles: «¡No le peguéis mucho en la cabeza, que de ahí a lo mejor sale algo bueno!» Al oírle, la servil pandilla de mirones que hacía corro en torno nuestro prorrumpía en elogios al canalla: «¡Ah, qué caballero tan bondadoso! ¡Qué amable caballero!» Cuando por fin se cansaron, volví a entrar maltrecho en el palacio y corrí junto a los comensales que creía amigos míos para rogarles que me acompañaran a presentar una denuncia contra los matones. El duque de Sully procuró serenarme cortésmente, pero dejó claro que no pensaba moverse. ¡Después de todo no se trataba más que de un Arouet al que había zurrado un Rohan! Oí algunas risitas y algunos comentarios supuestamente ingeniosos. Un obispo dijo que los palos habían estado muy mal dados pero muy bien recibidos. Un conde comentó con cínica sonrisilla: «¡Mal estaríamos si los poetas no tuvieran espaldas!» Etcétera.

Todos sabían que Rohan-Chabot era un miserable, pero no por eso dejaba de llevar su noble apellido. Yo era ingenioso, había escrito obras de mérito, les entretenía con mis agudezas, pero no era más que el hijo de un simple notario. Sulfurado, decidí vengarme por mí mismo. Desafié a Rohan, le reté a duelo, le hostigué de todas las maneras posibles, hasta decidí contratar yo también un grupo de rufianes para pagarle con su misma moneda. Lo único que conseguí fue acabar otra vez en la Bastilla, aunque en esta ocasión por poco tiempo: una semana después me llevaron custodiado a Calais y me encontré rumbo a Inglaterra, el destierro que yo mismo había elegido para no pudrirme otro año en el calabozo. Aprendí mucho con esta triste aventura. Y también cambié mi forma de pensar respecto a los temas que habían de interesarme como poeta y como filósofo. Nada de Edipo, ni de Enrique IV, ni de endechas a mi bella Pimpette: a partir de ahora debía ocuparme de la locura del mundo, de sus injusticias, de los abusos de los poderosos y de los intolerantes, de la maldad de los hombres, del silencio de Dios. Los estacazos de Rohan me convirtieron del todo en Voltaire, por lo que en cierto modo fue él mismo quien decidió la respuesta definitiva a aquella impertinente pregunta suya que dio origen a nuestra disputa.

Pero ¿qué estoy haciendo? El secreto para ser aburrido es decirlo todo. Y yo imprudentemente os lo estoy contando todo, cuando lo que se supone que debería hacer es aliviar vuestro aburrimiento. Perdonadme, señora. Recordad que si no acierto a serviros mejor es sólo por mi excesivo celo en obedeceros.

VOLTAIRE

Madrid, julio de 177...

¡Querido amigo, mi grande y queridísimo amigo! Si el buen gusto y sobre todo el temor a resultaros ridícula no me lo prohibiesen, me dejaría ahora arrastrar a las efusiones más desordenadas de agradecimiento. Me habéis proporcionado con pleno acierto lo que mayor placer puede causarme: ¿no es halagador para un hombre oír que una mujer le certifica así el éxito de sus esfuerzos por complacerla?

Pero vuestra carta no ha satisfecho mi curiosidad, sino que la ha azuzado. Vuestra infancia, vuestros primeros años, las primeras victorias y las primeras persecuciones de esa vida que tanto ha abundado en ambas... Bien, os lo agradezco. Habéis entreabierto la puerta pero ahora no podéis extrañaros de que yo quiera traspasarla e ir más allá. Me dejasteis frente al mar, en Calais, a punto de decidir como César embarcar hacia la conquista de Inglaterra. De vuestra estancia en esa gran isla nunca he sabido nada concreto, salvo que fue decisiva en la maduración de vuestro pensamiento y de vuestro arte. Confirmádmelo, negádmelo, lo que sea, pero sobre todo *contádmelo*. Tengo derecho a pedíroslo, porque hasta ahora me habéis tratado demasiado bien.

No temáis ser prolijo. Ese pecado, que aborrezco en otros, en vos me parece una virtud contra la que no os perdonaré ninguna travesura. He decidido que a partir de ahora vais a ser mi única ciencia: ¡quiero hacerme *volteróloga*! De vos depende que consiga mi doctorado *cum laude*. Ya sé que la tarea es abrumadora, porque vos habéis sabido serlo todo para todos mucho mejor que el apóstol cristiano que se ufanó de ello. Empezar a estudiar a Voltaire es acometer la exploración del universo. ¿Sonreís ante mi ambición? Pues entonces respondedme sonriendo.

CAROLINA

Ferney, julio de 177...

El elocuente Cicerón, señora, sin el cual ninguno de los franceses puede pensar y que me agrada por ser propenso a la duda, comienza siempre sus cartas con estas palabras: *si estáis bien, me alegro, por mi parte me encuentro bien*. Tengo la desgracia de padecer un estado contrario al de Cicerón. Si estáis mal, lo siento mucho, por mi parte no puedo estar peor. Mi amigo Formont tuvo un día la humorada de proclamar que yo estoy lleno «de ingenio, de locuras y de cólicos». Pese a estos últimos, pongo lo que me queda del primero en contaros el devenir de las segundas.

Llegué a Londres a mitad de los años veinte, cuando ya había cumplido los treinta y dos de mi edad. La ciudad me pareció inmensa, pero empequeñecida por el gentío que pululaba sin cesar por calles y plazas. Se decía que la urbe tenía más de setecientos mil habitantes: os aseguro, señora, que producían la impresión de ser varios millones. Desde el gran incendio a mediados del pasado siglo, las calles están pavimentadas con piedras pequeñas y redondas: por en medio de la vía corre un albañal que recibe todas las basuras y es felizmente adecentado por las frecuentes lluvias. Unos postes paralelos a los muros señalan el espacio para los peatones, de unos dos metros de anchura. El resto está ocupado por carromatos, bestias de carga, coches de alquiler y coches particulares, todos arrastrados por caballos cuyos cascos resuenan de forma infernal en el pavimento, entre las destempladas disputas de los cocheros que se obstaculizan unos a otros y el restallar constante de los látigos; a ese fragor hay que añadir los pregones de los buhoneros, en muchos casos mujeres, que venden todo tipo de alimentos y de ropas, las voces de los artesanos que se ofrecen para cualquier clase de reparaciones, las súplicas innumerables y apremiantes de los mendigos, los cantantes callejeros que aúllan sus baladas a grito pelado, acompañados por organillos cuyas estridencias rebotan de pared a pared a través de la calle, los ladridos de los perros, etc... El cielo de la ciudad, ya de por sí casi siempre nublado, se ennegrece por el humo del carbón que se quema en casas y fábricas. Abundan las guaridas de ladrones, rateros, salteadores de caminos y asesinos profesionales. Suelen estar organizados en bandas que por su eficaz funcionamiento más parecen gremios o cofradías. Los más peligrosos son los que recorren la ciudad pretendiendo pura y simplemente hacer daño por diversión, sin provecho visible. Los llamados *mohocks* tienen la costumbre de lanzarse a las calles en estado de embriaguez para pinchar a los transeúntes con sus espadas, poner a las mujeres cabeza abajo de modo que descubran sus intimidades y sacar los ojos a las víctimas de ambos sexos que se les resisten.

¿Es el infierno? Es la vida moderna, señora. Llena de contradicciones, de estruendo y de peligros, pero grávida también de las más insólitas posibilidades. Me dejé llevar por ella al principio con cierta timidez y después con decidido entusiasmo.

Ya estaba harto de los remilgos y de la hipocresía de la buena sociedad parisina. La forma de vida inglesa tiene, cuando se la prueba por primera vez, un sabor amargo y desabrido, como su fuerte cerveza: pero una vez degustada varias veces, el paladar se acostumbra y la prefiere a cualquier otra. También la estructura social de Inglaterra puede ser comparada a una jarra de cerveza bien tirada: espuma por arriba, heces en el fondo, pero en medio un brebaje sano y tónico.

Mi llegada a Londres, empero, no tuvo nada de triunfal. Más bien se hubiera dicho que los sinsabores del lado inglés del canal iban a prolongar y rematar lo empezado por los que dejé en la orilla francesa. Antes de salir había depositado veinte mil libras en manos de un banquero judío llamado Mendes da Costa, cuya banca familiar me dijeron que tenía la máxima importancia financiera en Inglaterra. Esa suma comprendía la mayor parte de la herencia que me había legado mi padre, recientemente fallecido. En cuanto pisé suelo inglés me dirigí hacia la casa Mendes, para cobrar mi pagaré. Me esperaba la desagradable sorpresa de que la empresa había quebrado repentinamente, por lo que apenas pude rescatar el veinte por ciento del dinero con el que contaba para sobrevivir en mi exilio. Ésta fue la primera de las muchas veces que me he arruinado en mi vida: aún no sabía, como lo sé ahora, que es mi destino salir siempre a flote. Me hallaba casi insolvente en una gran ciudad en la que el dinero cuenta por encima de todas las cosas; ignoraba la lengua del país y no tenía amigos. El único con el que creía poder contar, lord Bolingbroke, estaba por entonces ausente de Londres. Entonces me acordé de Everard Fawkener, un comerciante al que había conocido en París el año anterior en un encuentro breve pero que bastó para establecer sólidamente nuestra mutua simpatía. Fawkener se dedicaba a la importación y a la exportación; había vivido durante cierto tiempo en Alepo, donde se dedicó tanto a los negocios como a la arqueología; poseía una buena formación clásica, lo que le permitía leer con soltura y agrado lo mismo a Virgilio que a Horacio. Me agrada consignar que años más tarde fue nombrado caballero por el rey y ejerció como embajador inglés en Constantinopla ante la Sublime Puerta. Me dirigí a su casa, me acogió fraternalmente y me brindó albergue durante mis primeros meses de estancia en Inglaterra.

¡Honrado e inteligente Fawkener! He mantenido con él correspondencia y amistad a lo largo de toda una vida. Y le dediqué *Zaïre*, quizá mi tragedia más lograda. En su momento, esta dedicatoria despertó escándalo en París: ¡dedicar una obra dramática a un simple comerciante, un particular, en lugar de como siempre se hacía enviarla a un príncipe o un duque! Precisamente esta forma de pensar revela la miseria de Francia y la grandeza de Inglaterra. En nuestro país tenemos por digno de veneración a cualquier parásito como el miserable Rohan-Chabot, cuyo único timbre de gloria es ostentar un apellido ilustre que le permite cometer impunemente las peores felonías, sin servir de nada a la riqueza de su nación ni a la utilidad de los ciudadanos. Y en cambio se mira con menosprecio a comerciantes emprendedores cuya actividad aumenta la prosperidad del estado y proporciona a los particulares las cosas necesarias para hacer la existencia más dulce y más cómoda. Estoy seguro de que algún día nuestra sociedad pagará por tan detestable inversión de las verdaderas dignidades.

En Inglaterra, por el contrario, reina casi hasta

el exceso la pasión financiera. Han inventado las compañías por acciones y cada día fundan alguna nueva, dedicada a cualquier tipo imaginable de negocios. Todo el mundo invierte, desde las clases más elevadas hasta las más populares, lo cual permite apoyar muchas industrias útiles aunque también ofrece grandes posibilidades a los bribones que pretenden prosperar a costa de la credulidad codiciosa de los demás. Se venden acciones de compañías formadas para transmutar los metales en plata, para erigir hospitales dedicados a los hijos ilegítimos, para extraer aceite de los rábanos, para patentar el movimiento perpetuo, para importar asnos de España, donde por lo visto abundan extraordinariamente, etc... Cuando yo estaba en Londres, un promotor anunció una compañía «para llevar a cabo una empresa muy ventajosa, pero que nadie podrá conocer hasta más adelante»; a las doce de la mañana del día en que hizo su anuncio público había recibido ya un millar de suscripciones de dos libras cada una y desapareció sin dejar rastro por la tarde. Hay sin duda ocasiones para reírse de este afán pero a mí en el fondo me parece admirable y señal del empuje de una nación capaz de arriesgarse para aumentar su provecho. El lema de los ingleses es *property and liberty*: la voz del sano amor a sí mismo.

Pero lo que más me agrada de los ingleses es su habilidad para rodearse de comodidades, las cuales me parecen mucho más importantes todavía que los lujos. Por ejemplo, el agua corriente en las casas de los particulares. Un ingenioso sistema de tuberías llena diariamente los depósitos que se encuentran en cada edificio, resolviendo un problema cotidiano y haciendo la vida más grata. En París tenemos numerosas fuentes suntuosas, más abundantes en piedra que en líquido, pero el agua llega a los pisos acarreada en cubos que es preciso llenar en el Sena, el mismo río que sirve también de cloaca máxima de la capital. En Londres las fuentes son menos numerosas y menos elegantes que las nuestras, pero los domicilios son más cómodos. Hace muchos años el ministro Colbert intentó remediar esta deficiencia del mismo modo que lo han hecho los ingleses, pero su propósito no fue llevado a la práctica: supongo que el presupuesto destinado a este fin fue empleado en alguna guerra de la que ya hemos olvidado el motivo y el número de muertos. En cuanto al servicio postal, funciona excelentemente en Inglaterra desde mil seiscientos ochenta. En Francia no hemos conseguido algo semejante (nuestra *petite poste*) hasta hace muy poco y su rendimiento es aún muy deficiente. Otros países desconocen por completo esta civilizada institución. Vi también, en aquellos días londinenses, que muchos ingleses practicaban un tipo de régimen muy sano: caminaban seis *miles* diarias, se alimentaban de un modo frugal, con más vegetales que carne, y se vestían con ropas ligeras y poco embarazosas. En la medida de mis posibilidades imité su comportamiento y me sentó muy bien.

A vos, señora, que sois instruida y vivís fuera de Francia, estos comentarios míos no os escandalizarán. Pero en cambio encrespan a muchos pazguatos, que claman contra mí porque demuestro poco amor a mi patria. No creo que sea antipatriótico señalar aquellas ventajas foráneas que podrían mejorar nuestro país. Pero os confieso que el patriotismo me importa poco: no es sino una forma distinguida de egoísmo colectivo. Pienso que Europa es un solo país, formado por diferentes naciones. Los reyes nunca admitirán esta verdad porque limita sus privilegios, además de recortar su cofradía; tampoco la plebe, porque no halaga su pasión predominante que consiste en detestar a los vecinos para no tener que examinar las propias faltas. Es necesario que las gentes de bien defendamos esta idea comunitaria contra unos y otros. Pero quizá ni siquiera sea preciso hacerlo, pues la gente de bien de todas partes del mundo formamos ya una misma república universal, sin fronteras ni batallones.

Los clérigos católicos, sobre todo si tienen simpatías jansenistas, predican contra casi todo lo que acabo de elogiar: el comercio, los inventos modernos, el confort, el afán de provecho, el mimo a nuestro cuerpo para poder disfrutar mejor y más tiempo de él, etc... Según esos santos varones, hemos venido a este mundo a padecer para ganar el otro. No hay que apegarse a las cosas que nos rodean y nos tientan: es preciso renunciar a las riquezas terrenales —si es posible en beneficio de alguna orden religiosa— y abominar de todos los placeres, salvo el de quemar herejes. Sus lúgubres sermones coinciden en parte con los de Juan Jacobo Rousseau, quien también culpa a los adelantos de la civilización de cuantas desigualdades y sinsabores nos afligen. Leyéndole entran ganas de volver a la naturaleza y andar a cuatro patas. Como es una costumbre que perdí cuando era muy pequeño, resisto esta tentación sin dificultad. He vivido y moriré combatiendo a los enemigos del sentido común. Contra todos ellos escribí mi poema *El mundano* y la *Defensa del mundano*. ¿Conocéis las proclamas irreverentes que allí lanzo?

*Doy gracias a la sabia Natura
que, por mi bien, me hizo nacer
en esta edad tan criticada por los doctores.
Me gusta el lujo e incluso la holganza,
todos los placeres, las artes de todo tipo,
la limpieza, el gusto y los adornos.*

A quienes me recuerdan los días felices anteriores a la sociedad civilizada, cuando aún no había ni tuyo ni mío, les respondo:

*No queráis pues, con gran simpleza,
denominar virtud lo que es pobreza.*

Y a los sabios como Huet, don Agustín Calmet y otros, empeñados en buscar el asentamiento geográfico del paraíso terrestre en lugares tan improbables como el desierto que se extiende entre el Tigris y el Éufrates, les oriento para que no pierdan más el tiempo:

El Paraíso terrestre está donde yo estoy.

Por entonces, ya os digo, el Paraíso se situaba en Inglaterra. De la organización de ese país, dos cosas me parecieron particularmente envidiables. En primer lugar, el funcionamiento de su Parlamento y en general de las leyes que rigen su sistema de Estado. La nación inglesa es la única de la tierra que ha llegado a regular el poder de los reyes resistiéndose a él y que, a la postre de sucesivos esfuerzos, ha establecido por fin ese gobierno sabio en el cual el príncipe, todopoderoso para hacer el bien, tiene las manos atadas para hacer el mal, en el que los señores son grandes sin insolencia y sin vasallos, y donde el pueblo comparte las tareas de gobierno sin confusión. En segundo lugar, es admirable ver cómo conviven las más diversas formas religiosas. En la bolsa de Londres, el judío, el mahometano y el cristiano se tratan unos a otros como si fueran del mismo culto y no dan el nombre de infieles más que a los que hacen bancarrota. El presbiteriano se fía del anabaptista y el anglicano acepta la promesa del cuáquero. Como hombre libre que es, cada inglés va al cielo por el camino que mejor le acomoda. Si no hubiera en Inglaterra más que una religión, habría que temer cierto despotismo; si hubiese dos, se cortarían el cuello unos a otros; pero como hay treinta, viven en una paz dichosa.

Ved, señora, lo que las leyes de ese país han conseguido: han devuelto a todo hombre sus derechos naturales, de los que casi todas las monarquías lo habían despojado. Estos derechos son: total libertad de persona y bienes; hablar a la nación por medio de la pluma; ser juzgado en cuestiones criminales por un jurado de hombres libres; ser juzgado en cualquier asunto sólo de acuerdo con leyes precisas; profesar en paz la religión que se prefiera. Ningún inglés teme que una carta sellada le encierre de por vida en prisión sin juicio ni acusación, como puedo atestiguar que pasa en Francia; ninguno que se le maltrate por no adorar a Dios al modo en que acostumbran sus vecinos. No voy a negaros, desde luego, que existan allí como en los demás países numerosos abusos de los grandes y prejuicios entre los pequeños. También en Londres el populacho detesta a los extranjeros, como en todas partes: quien ha nacido para oveja, es feroz con todo lo que difiere de su rebaño. En cierta ocasión, paseando por la gran urbe, fui identificado como forastero por mi indumentaria y por mi acento. La canalla desocupada se arremolinó para hostigarme, al grito de «*French dog!*», hasta que me encaramé en un banco de piedra y les arengué en su idioma, que afortunadamente había aprendido en seguida bastante bien: «¡Bravos ingleses, no os enfurezcáis contra mí! ¿Acaso no soy ya bastante desgraciado por no haber nacido entre vosotros?» Al oírme se pusieron a aclamarme y los mismos que un momento antes querían matarme me llevaron a mi alojamiento en hombros. La plebe es infantil en todas las latitudes y siempre es prudente llevar golosinas en el bolsillo para contentarla.

He hablado del pluralismo religioso que reina en Inglaterra, pero no deseo ocultaros que entre las clases superiores el partido con mucho mayoritario es el de la irreligión. A los franceses yo les parecía poco religioso: a los ingleses les pareció que lo era demasiado. Cuando surge alguna cuestión teológica en una reunión de la buena sociedad, todo el mundo la toma a broma y se desentiende de ella a los pocos minutos. Mi fogosidad en esos temas era contemplada con piadosa ironía. Tras una de tales discusiones, alguien me aconsejó que leyese un libro recientemente aparecido: *El Cristianismo tan viejo como la Creación*, de Matthew Tindal. El autor había sido profesor en el All Soul's College de Oxford y había pasado a lo largo de su vida por varias conversiones al catolicismo, seguidas de abjuraciones del mismo credo. A los setenta y tres años publicó su obra, en la que realizó un ataque inmesericorde contra la absurda creencia en ese Dios que supuestamente castigó a nuestros primeros padres por el afán de conocer y al resto de la humanidad por el simple pecado de haber nacido. Para Tindal, la verdadera revelación está en el orden de la naturaleza y en la razón que Dios nos ha dado para que lo conozcamos. Es Newton quien nos ha revelado el auténtico rostro de Dios, no la cacofonía de los teólogos. En cuanto a la moral, tampoco aprenderemos nada escuchando a los supersticiosos: «Todo aquel que regule así sus apetitos naturales, de modo que conduzcan del mejor modo posible al ejercicio de su razón, la salud de su cuerpo y los placeres de sus sentidos, tomados y considerados juntos, pues en esto consiste su felicidad, puede tener la seguridad de que nunca ofenderá a su Hacedor, quien, como gobierna todas las cosas según su naturaleza, sólo puede esperar que sus criaturas racionales actúen de acuerdo con sus naturalezas propias.» Éste es el verdadero cristianismo, tan viejo como la propia creación y que nada tiene que ver con los caprichosos dictámenes promulgados por los papas y remachados por los inquisidores. La doctrina moral de Tindal tiene sin duda ecos de Spinoza, contra cuyo peligroso influjo mucho había oído predicar en mi país, pero a mí me pareció en su conjunto sumamente sensata aunque yo no la llamaría «cristianismo» sino *deísmo*. Por cierto, en una reunión conocí a un joven obispo llamado Berkeley que preparaba una refutación de la obra de Tindal. Las ideas de este obispo eran muy originales porque a partir del principio de que todo nuestro conocimiento proviene de los sentidos, que a tantos ha llevado al materialismo, él creía poder deducir la inexistencia de la materia y de cuantos objetos o cuerpos nos rodean. Argumentaba con sutileza y cortesía, por lo que su conversación resultaba muy grata, pero no consiguió convencerme.

Tuve la suerte de conocer durante mi estancia en Inglaterra a muchos escritores ilustres, con los que logré departir en pie de igualdad en cuanto me hice con el dominio del idioma inglés. Por lo general siempre me trataron con amable deferencia, quizá por el padrinazgo de lord Bolingbroke y pese a que ninguno de ellos había leído ni una línea mía. Quien mayor impresión me produjo fue mister Jonathan Swift, el ingenioso autor de una sátira titulada *Viajes de Gulliver*, publicada poco antes de mi llegada a Londres. Swift es el Rabelais de Inglaterra, pero un Rabelais sin fárrago y sin el pésimo gusto que frecuentemente afea las páginas de *Gargantúa*. Su libro lo tiene todo para interesar al lector, tanto por la imaginación que revela y por la ligereza del estilo como por la amarga ironía que exhibe a costa del género humano. Nada más concluir de leerlo, me propuse traducirlo a nuestro idioma. No me importa reconocer que algunos de mis propios cuentos, como *Micromegas*, guardan influencias de este notable escritor. Conviví tres meses con él en la quinta de lord Petersborough y me halaga pensar que llegó a considerarme su amigo. La gente le temía un poco por la virulencia de su espíritu crítico, que no respetaba nada ni nadie aunque sabía guardar las formas. Como irlandés que era, sufría por la situación de su nación, oprimida de un modo verdaderamente inicuo por los ingleses. En cierta ocasión una hermosa dama, milady Cartwright, esposa del virrey inglés de Irlanda, elogió la particular pureza del aire de Dublín, creyendo así agradar a Swift. «¡Chis, señora, por favor! —le repuso éste con viveza—. No diga esas cosas en público o Londres nos cobrará un impuesto por respirar.»

Visité también con frecuencia la residencia de Alexander Pope, a pocas millas del centro de Londres. Este gran poeta había realizado una traducción magistral de la *Ilíada*, cuyos versos ingleses sonaban de modo mucho más elegante que los del rudo Homero. Pero lo que yo más admiro de él es su *Ensayo sobre el Hombre*, que a mi juicio es el poema didáctico más bello, útil y sublime que haya sido escrito jamás en cualquier idioma. Sus versos son de una concisión prodigiosa: no se pueden condensar más ideas justas en menos y más precisas palabras. En uno de ellos llama al hombre «bufón, misterio y gloria de este mundo». Y es que él mismo tenía algo de glorioso bufón, pues una enfermedad de la columna vertebral le había reducido a poco menos de metro y medio de encorvada estatura. No podía vestirse solo y apenas era capaz de valerse por sí mismo para los cuidados más elementales de su persona. Es disculpable que su carácter fuese atrabiliario y sumamente suspicaz, aunque por lo demás su conversación fuese brillante y enorme la finura de su inteligencia. Nunca se desplazaba hasta Londres, pero muchos escritores distinguidos gustaban de reunirse con él en su mansión. Asistí en tales conciliábulos a debates literarios muy interesantes. En una ocasión, quizá con excesiva vehemencia, ataqué ese pasaje de *El paraíso perdido* donde Milton pretende convencernos de que del apareamiento de la Muerte y el Pecado nacen serpientes. Me parece una idea grotesca y más propia de un devoto que de un poeta. Uno de los circunstantes que más se opuso a mis razonamientos, Edward Young, me dedicó el siguiente epigrama:

Eres tan talentudo, libertino y delgado
que a veces nos pareces Milton, Muerte y Pecado.

Mis visitas a la casa de Pope acabaron de una vez por todas a causa de una impertinencia mía, que no hubiera sido juzgada tan severamente en

Francia. Estábamos sentados a la mesa y yo acababa de quejarme de los sempiternos achaques de mi salud. La madre de Pope, que vivía para cuidar a su hijo inválido y era muy católica, me preguntó cómo podía ser que yo, aún tan joven, padeciese una salud tan mala. Repuse, con evidente exageración: «¡Oh, la culpa es de esos malditos jesuitas, que cuando era niño me sodomizaron de forma tan brutal que ya no me repondré mientras viva!» La señora abandonó la mesa y ya no volvieron a invitarme a ella. Pese a ser una sociedad muy libre, como queda dicho, hay en Inglaterra ciertos miramientos y convenciones de una fuerza chocante. En otra ocasión fui a visitar al dramaturgo Congreve, algunas de cuyas obras me parecen muy valiosas. Hacía más de veinte años que las había escrito y vivía totalmente retirado de la escena, a la que parecía despreciar. Incluso se negó a que yo le tratase de poeta, insistiendo en que valoraba más su condición de *gentleman* que, por lo visto, le parecía incompatible con la otra. No pude por menos de decirle que si no hubiera sido más que un simple *gentleman* no me hubiese molestado en ir a verle.

Pero el más grato de los compañeros literarios que hice aquellos días fue sin duda John Gay. Además de su simpatía y su alegría contagiosas, me acercó a Gay la pasión que ambos sentíamos por el teatro. Había escrito una curiosa pieza de gran éxito, *Beggar's Opera*, una combinación de drama y música que muy poco tiene que ver con las óperas que estamos acostumbrados a ver. Los protagonistas de esta *Ópera del Mendigo* son ladrones, asaltantes de caminos, truhanes, policías y mujeres de virtud dudosa. La música es muy sencilla y popular, interpretada sólo por tres o cuatro instrumentos como los que se oyen todos los días en cualquier esquina de Charing Cross. Algunas de sus tonadas son muy pegadizas y recuerdo en especial una, *Greensleaves*, cuya melodía evocadora me dijeron que data de siglos atrás. Acompañado de John Gay solía frecuentar la taberna del Arco Iris, donde una noche anunció que iba a presentarme a uno de los personajes más importantes de todo Londres. Resultó ser un tal Chetwood, apuntador de oficio en el teatro Drury Lane. En efecto, nadie podía ser más importante ni más útil para mí que Chetwood, gracias a cuyos favores pude asistir a todos los grandes estrenos teatrales, a los ensayos, conocer a los principales actores y actrices, etc...

Pese a sus frecuentes excesos y pecados contra el buen gusto, no puede negarse que los ingleses dominan como nadie el arte de la interpretación teatral. Recuerdo algunos estrenos memorables, como el de *Don Sebastián* de Dryden o *El huérfano* de Otway. Sin disputa el dramaturgo favorito de los ingleses es William Shakespeare, del cual vi numerosas tragedias: *Hamlet*, *Macbeth*, *Julio César*, *Otelo*, *El rey Lear*... Es indudable su fuerza en muchos pasajes y el aliento poético que alcanza en los mejores momentos (yo mismo he traducido para los franceses uno de los más destacados, el monólogo de Hamlet que comienza *To be or not to be*...), pero en conjunto me parece un talento más propio de una época bárbara que del siglo civilizado en que vivimos. Junto a escenas de conmovedora pasión trágica no le importa incluir pasajes vergonzosamente bufos, como los enterradores que en *Hamlet* hacen bromas tabernarias entre osamentas o el portero borracho de Macbeth, que dice y comete indecencias a pocos pasos del cadáver de su rey asesinado. He discutido mucho estos absurdos grotescos de Shakespeare con ingleses que se niegan a reconocerlos. Me aseguran que Shakespeare toma sus modelos de la naturaleza misma: ¡por favor, caballeros, mi culo también está en la naturaleza y sin embargo nunca me quito los pantalones en público!

Una de las mayores deficiencias de la sociedad inglesa, comparada con la nuestra, es el escaso reconocimiento que concede al espíritu de la mujer. Nuestro siglo ilustrado debería haberse dado cuenta en todas partes de que la cordura y la agudeza femeninas sirven a la causa de la sabiduría mucho mejor que la mayor parte de las locuras varoniles. Pero esa gran verdad sólo parece admitida como es debido en Francia. ¿Estáis de acuerdo conmigo, vos que sois un delicioso ejemplo de esa capacidad en otros países maltratada? Cuando uno compara a un filósofo alemán, como ese Christian Wolff que tanto interesa al gran Federico, con uno de nuestros filósofos franceses, como Fontenelle o D'Alambert, lo primero que salta a la vista es la diferencia de estilo. El alemán escribe para un público de profesores y de estudiantes, para catedráticos, para doctores en teología, para eruditos... es decir, para gente que tiene la obligación de leerle y que por rivalidad académica buscará con lupa la menor de sus inexactitudes. No pretende interesar al hombre de la calle, al simple particular: por el contrario, quiere mantenerle a distancia respetuosa mediante todos los trucos de una palabrería más abstrusa que culta. Se avergonzaría de ser comprendido por cualquiera puesto que su prestigio se parece al de Jehová en el Sinaí, que sólo condescendió a mostrarle a Moisés su trasero y eso entre rayos y truenos. El francés, en cambio, evita las palabras demasiado técnicas, pedantescas o crudas porque no quiere resultar desagradable ni aburrido. Se dirige a un público volátil, que sólo presta atención a quien sabe seducirle dado que no tiene obligación ninguna de atender a lo que le fastidia, que quiere ser convencido no sólo con buenas razones sino también con buenas maneras. Son las mujeres las que nos acostumbran a discutir con gracia y claridad los temas más áridos y espinosos. Hablamos con ellas de modo incesante; deseamos que nos escuchen; tememos cansarlas y aburrirlas. Nos creamos así un modo especial de explicarnos con facilidad y este método pasa de la conversación a la escritura. Es en los salones donde hemos aprendido a expresarnos, señora, no en las aulas ni en los claustros; nos han enseñado no doctores rígidos y puntillosos, sino damas inteligentes y amables. Sin ellas, sin vosotras, creeríamos aún que lo profundo siempre ha de ser árido, confundiríamos lo que ilumina con lo que ofusca y no sabríamos decir la verdad más que en latín.

Como digo, en Inglaterra las señoras tienen muy poca intervención en el desarrollo de la cultura. No hay salones como los de París. Cuando lady Mary Montagu intentó establecer uno, fue mirada como una excéntrica ridícula que no sabía cuál era su lugar. Lady Mary fue sin duda una mujer muy notable, perfectamente educada y culta, que se empeñó con tesón en introducir en Inglaterra la inoculación contra la viruela, que tantas vidas y tantas bellezas ha salvado en ese país y allá donde se practica. Le recuerdo, señora, que por aquel entonces —¡y aún hoy día, en parte!— la vacuna era mirada en Francia como una infección más peligrosa que el simple contagio de la propia enfermedad. Tuve el honor de conocer también a otra señora extraordinaria, aunque de un estilo personal completamente distinto. Me refiero a Sarah Churchill, la

61

viuda del duque de Marlborough, a la que no le interesaban demasiado los problemas filosóficos: «Por favor, no me hables de libros —solía decirle a su marido—. Los únicos libros que me interesan son los hombres y las barajas.» En la época en que el duque gozaba del mayor poder, cuando en Francia gobernaba Luis XIV, ella era la dama favorita de la reina Ana y alentaba una política bélica contra nuestro país. El poderío militar francés estaba a punto de ser definitivamente demolido. Pero entonces la reina comenzó a preferir a otra señora, lady Masham, postergando un poco a la apasionada Sarah. La duquesa no lo pudo soportar y un día, con calculado descuido, vertió un vaso de agua encima de la nueva favorita. Consecuencia: ella y su marido fueron apartados de la corte, los *tories* volvieron al poder y se firmó la paz con Francia. Un simple vaso de agua y una mujer despechada cambiaron el curso de la historia de Europa. El duque de Marlborough padeció después todo tipo de vejaciones y descréditos; sólo al final de su vida fue rehabilitado. A su muerte uno de sus enemigos, lord Bolingbroke, comentó: «Era tan gran hombre que no puedo recordar si tenía o no defectos.» Durante más de veinte años, la viuda se ocupó de mantener contra todos la llama limpia de su memoria, encerrada en su castillo de Blenheim. Allí tuve ocasión de visitarla y de quedar impresionado por su energía y distinción. Poco después, el duque de Somerset quiso aliviar esa altiva soledad proponiéndole matrimonio, ganándose la siguiente réplica: «Aunque fuese joven y bella como fui, en lugar de vieja y ajada como soy, y aunque pusierais el imperio del mundo a mis pies, no compartirías nunca el corazón y la mano que antes pertenecieron a John Churchill.»

Estando yo en Londres murió Isaac Newton, sin disputa el más grande de los sabios de nuestro tiempo. Digo «sin disputa» y digo mal, porque hay franceses que le menosprecian por comparación a Descartes y alemanes que le consideran de menor talla que Leibniz. Se trata de infantiles rivalidades nacionalistas: los espíritus estrechos quieren participar por contagio patriótico de la gloria de los grandes hombres, cuando éstos en realidad no tienen más patria que la humanidad. Los franceses se pavonean como si fuesen inventores de todas las artes, pero le deben la pólvora y la imprenta a sendos alemanes, las gafas que les permiten leer la letra menuda a Francesco Spina, el telescopio a Galileo, el verdadero sistema planetario al ciudadano de Prusia oriental Nicolás Copérnico, los logaritmos al inglés Neper y otro inglés, el incomparable Newton, les ha enseñado en qué consiste la luz, cuál es la gran ley que hace moverse los astros y dirige los cuerpos graves hacia el centro de la tierra. En su poema sobre el hombre proclama Pope: «Dios dijo "hágase la luz" y apareció Newton.» Comparto el sentido de esta hipérbole poética. Dediqué buena parte de mi estancia en Inglaterra al estudio de la física newtoniana, con intención de presentar de forma clara sus fundamentos a los franceses para que el conocimiento de esta ciencia admirable se extendiera por nuestro país. Luego diré cómo me fue en la empresa. Pero en especial quedé muy impresionado ante las honras fúnebres que se tributaron a Newton. Todo Londres participó de un modo u otro en ellas. El cadáver fue primero expuesto en un suntuoso catafalco, flanqueado por enormes hachones, antes de ser llevado a la abadía de Westminster, donde yace enterrado entre los reyes y otros altos próceres. A la cabeza del cortejo mortuorio iba el lord Canciller, seguido por todos los ministros de la Corona. En Francia, los genios de la ciencia no son enterrados en Saint-Denis: se dan por satisfechos con no ser apaleados por nobles felones o encerrados de por vida en la Bastilla. De todas formas, debo decir que años más tarde me enteré de que no todos los méritos de Newton fueron científicos. También fue nombrado gran maestre del Tesoro del Reino, pero no precisamente por aclamación popular. Isaac Newton tenía una sobrina muy linda, la señorita Conduit, que gustó mucho al tesorero Halifax. Para llegar a gran maestre, el cálculo infinitesimal y la ley de la gravitación universal de nada le hubiesen servido sin su hermosa sobrinita...

Permanecí casi tres años entre los ingleses. A mi vuelta, escribí unas *Cartas inglesas* —también tituladas luego *Cartas filosóficas*— que trataban de mis principales hallazgos en Inglaterra: la tolerancia religiosa, el parlamento, la física de Newton, la dignidad y libertad del comercio, la vacuna contra la viruela, el aprecio público por las letras, la literatura y la escena, etc... Escribí tales *Cartas*, distintas a todo lo que había publicado antes, obedeciendo al ingenuo impulso que he sentido toda mi vida de poner mi pluma al servicio del bien público entre mis conciudadanos. Procuré alegrar cuanto pude los temas comentados, para asegurarles mayor audiencia. Por ejemplo cuando traté de las teorías de Newton, el más abstruso de los capítulos, me imaginé al sabio sentado bajo un árbol y comenzando a pensar en la gravitación al ver caer una manzana a sus pies. He sabido después mil veces repetida esta ocurrencia pedagógica, hasta el punto que creo haber añadido una tercera manzana a las dos ya célebres de la historia, la de Eva y la que motivó el juicio de Paris. También expliqué lo más relevante del pensamiento de John Locke, quien afirma que todo nuestro conocimiento viene de los sentidos y considera posible que Dios haga a la materia *pensar* puesto que sabemos que es capaz de hacerla *vivir*. Esta doctrina pareció indecentemente audaz a los censores, dado que ya nuestro padre Descartes ha dejado claro que la materia y el espíritu son dos entidades totalmente diferentes, que sólo se saludan ocasionalmente a través de la glándula pineal.

Por ese y otros pecados del mismo fuste, mis *Cartas* fueron consideradas abominables y quemadas públicamente por mano del verdugo. De nuevo tuve que retirarme discretamente de París, rumiando el dictamen que como despedida londinense me regaló el discreto lord Chesterfield: «Nuestros prejuicios son nuestras queridas; la razón es a lo sumo nuestra mujer, a la que oímos con mucha frecuencia, desde luego, pero a la que rara vez hacemos caso.»

VOLTAIRE

Madrid, julio de 177...

Mientras disfrutaba con el relato de vuestra experiencia en Inglaterra, país del que no conozco más que la lengua, he recordado los primeros días que pasé en España. Ahora ya muchas cosas que antes me sorprendieron o me molestaron son habituales para mí. A veces temo que hasta mi forma de pensar se va haciendo un poco *a la española*. Como creo que vos no habéis estado nunca en este desconcertante suelo que yo piso, os daré algunas noticias sobre él que quizá puedan interesaros, ya que tenéis si no me equivoco el capricho de interesaros por todo y el don de hacerlo todo interesante. Pues bien, estoy segura de que si el Gulliver de vuestro Jonathan Swift hubiese pasado por Madrid o por Sevilla habría recopilado más motivos de asombro que en todos sus restantes viajes juntos.

Grave error sería juzgar a España por lo que ocurre en Francia y no digamos, según veo, por lo que es común en Inglaterra. Aquí las tierras están casi absolutamente despobladas por culpa de las guerras, de la emigración a las Indias en busca de Eldorado, de la abundancia de curas y monjas —seres que se reproducen más frecuentemente de lo que se supone pero menos de lo debido— y de la mala distribución de la propiedad, que condena a muchos pobres a forzosa soltería. La poca gente que habita estas tierras sólo practica con denuedo la pereza y guarda contra el trabajo todo el resentimiento que merece su carácter de maldición bíblica. Aquí la industria y su comercio son cosas por demás desconocidas. El interior del país carece de caminos seguros, de canales y de ríos navegables. Los carruajes son un lujo muy infrecuente en cuanto se abandonan las tres ciudades principales. En una palabra, se puede decir que España lleva con relación a las demás naciones civilizadas un par de siglos de retraso cuando menos.

Por lo que me contáis, los ingleses padecen casi hasta el desvelo el afán de innovar para aumentar sus beneficios; sé muy bien que los franceses, al menos si viven en París, agradecen todas las novedades aunque sólo sea por afición a las diversiones y busca de placeres inéditos. Entre los españoles, por el contrario, es principio absoluto hacer siempre lo que se ha hecho el día anterior y hacerlo de la misma manera en que siempre se ha hecho. Este dogma de fe lo respetan por igual los pequeños y los grandes. Lo primero que sorprende al recorrer este paisaje es su aspecto desértico, semejante al que supongo propio de latitudes africanas: no se debe sólo al clima sino a la secular enemistad que los campesinos españoles guardan contra los árboles. Según ellos —es decir, según lo que ellos han oído a sus abuelos y a sus tatarabuelos— la sombra de los árboles es dañina porque convierte el grano en paja; aún más, porque atrae a los pájaros y éstos se alimentan desconsideradamente con los preciosos granos. Fuera árboles por tanto, que más vale achicharrarse entre dunas como siempre se hizo.

La corte real no es mejor que el agro en cuestión de rutinas: todo en ella parece dispuesto para ensalzar la hermosura y grandeza de la inmovilidad. Sometida a una etiqueta invariable, funciona de acuerdo con ritos tan sagrados como los de la religión. Los gestos más insignificantes están determinados en palacio por un reglamento de inmemorial tradicionalismo. Es imposible modificar cosa alguna so pena de cometer sacrilegio, aunque el rey mismo tenga que sufrir las consecuencias de este apego suicida al pasado: si el monarca agonizase de sed, no por ello le servirían ni un vaso de agua antes de llamar al chambelán indicado para ese gesto y cumplir todos los trámites previstos por la teatralidad cortesana.

Considerad el caso de Madrid, por ejemplo. Es una villa bastante grande, de más de ciento cincuenta mil habitantes y de una fealdad realmente sublime. Tiene fama de ser la ciudad más sucia, pestilente y vocinglera de Europa: no me ufano de conocer todas las demás pero me parece muy probable que lo sea. Hace poco leí un poema épico-burlesco sobre Madrid escrito por un francés y titulado significativamente *La Merdeida*. Sus versos coinciden, aunque sea grotescamente, con mis observaciones personales sobre esta urbe. Pues bien, el rey Carlos III, que es persona bastante razonable a pesar de tener la fisonomía y viveza de expresión de una oveja, intentó remediar algunas de las más notables deficiencias de la ciudad. Encargó las reformas a don Francisco Sabatini, un arquitecto español pero de origen y educación italianos que el rey se trajo de Nápoles. Sabatini hizo construir alcantarillas, cloacas y excusados para catorce mil viviendas; ordenó que las basuras se colocaran en lugares determinados en lugar de arrojarse sin otros miramientos a la vía pública; dispuso construir aceras con cargo a los propietarios de las viviendas, un poco al modo de lo hecho en París por el conde de Antin con la famosa calzada frente a su palacio; prohibió el deambular por las calles de cerdos y otros animales; mandó instalar dos mil faroles públicos que despejasen un poco las tinieblas estigias de las noches madrileñas. También por aquellos días otro ministro oriundo de Italia, el marqués de Squillace (al que los castizos llaman «Esquilache») dispuso la supresión del embozo que desde siempre había solido llevarse por calles y paseos, convertido ya en un auténtico disfraz que impedía reconocer a las personas y favorecía los manejos de los salteadores. Tantos cambios causaron vértigo en el buen pueblo de Madrid, que se sentía feliz entre la mierda y las tinieblas. Se inició una revuelta sediciosa bastante grave, encabezada como no podía ser menos por un cura, y las turbas apedrearon con entusiasmo las farolas hasta no dejar una sana, amén de intentar asaltar la casa de Sabatini para castigarle por su osadía higiénica. A partir de entonces el rey cobró prudencia y serenó un tanto sus afanes de reforma...

Si viajaseis por España tendríais ocasión de tropezar con otras curiosas peculiaridades. Al llegar a la habitación de una posada, por ejemplo, advertiríais —entre otras carencias de menor cuantía— que la puerta no tiene pestillo sino un simple picaporte. No os molestéis en protestar por ello, pues se trata de una norma del Santo Oficio. De este modo los inquisidores pueden presentarse en cualquier momento para averiguar lo que hacen los viajeros en su cuarto, sin que ningún cerrojo rebelde estorbe a su celo. ¿A qué viene esta curiosidad del Santo Tribunal? Pues a indagar sobre diversas y delicadas cuestiones: si coméis o no carne los días de vigilia, si en la habitación hay personas de distinto sexo, si las mujeres duermen solas o con hombres y —en caso afirmativo— si tales hombres son o no sus legítimos esposos, para probar lo cual hay que presentar el correspondiente certificado.

La Santa Inquisición vela continuamente en este país por nuestra salvación eterna, de tal modo que aquí quien no quiere salvarse está perdido. Cuando llega la Pascua, los párrocos exhiben en la puerta de sus iglesias la lista de los ateos o herejes que no han cumplido con el precepto eucarístico: el Santo Oficio se encarga luego de ellos. También se ocupan los inquisidores de la moda, pues nada escapa a su cuidado. El más reciente debate hispánico en materia teológica ha sido en torno a los calzones con bragueta, invento a todas luces diabólico además de extranjero. Quien lleve tales pantalones será arrastrado a la cárcel y el sastre que se los haya hecho también sufrirá su justo castigo. Curas y frailes predican contra las braguetas cada día de la semana desde los púlpitos y los domingos por la mañana y por la tarde. ¿Queréis creer que, pese a todo, hay quien se arriesga a llevar los excomulgados calzones? Sólo hay una tiranía que puede enfrentarse a todas las demás y es la de la moda.

Para bien y para mal, el rasgo de carácter distintivo de los españoles es el orgullo. El afán de ganar fama ante los demás y de ser tenidos por intrínsecamente nobles les hace acometer empresas a menudo ridículas pero alguna vez grandiosas y casi siempre inútiles. Están contagiados por don Quijote, al que Cervantes creó como una caricatura y que sus lectores han confundido con el retrato de un ideal. Cierto que también es el orgullo lo que les hace evitar muchas fechorías y, por miedo a perder su renombre, se comportan a veces con insólita decencia. En este mundo puntilloso y rígido del honor a toda costa las víctimas resultan desde luego las mujeres; aunque lo son hoy ya menos de lo que parece, pues han aprendido a *torear* a sus padres, esposos y amantes mucho mejor que el más hábil de los toreros. El honor de las mujeres se llama *honra*, consiste en la inaccesibilidad sexual salvo cumplimiento de diversos requisitos y se considera la propiedad más estimada no tanto de la mujer (que por sí misma no le concede mayor importancia) sino de los hombres que creen tener derechos sobre ella: padre, hermanos, marido, amante titular, etc... De modo que la honra es cosa que sólo se conserva o se pierde *a juicio de los hombres que le rodean a una*. Si las españolas no hubiesen aprendido unos cuantos trucos para darse gusto a sí mismas y honra a los hombres a quienes pertenecen, habrían acabado todas locas. Permitidme una consideración sobre la inteligencia comparada de los sexos: cuando un hombre es inteligente, llega a ser más inteligente que la mujer más inteligente (tal es vuestro caso y algún otro, pocos desde luego); pero en cambio las mujeres nunca son tan tontas como los hombres tontos. ¿Por qué? Porque las mujeres en parte son tontas y en parte quieren parecerlo para aliviar la vigilancia que las oprime; los hombres tontos, en cambio, siempre quieren parecer listos...

Voy a contaros una anécdota para ilustrar hasta dónde llega el empecinamiento masculino en ese orgullo y afán de nobleza del que os hablo. Hace pocos meses una de mis doncellas me habló de un excelente zapatero y yo le mandé llamar para encargarle que me hiciera varios pares de zapatos. Se presentó un personaje de grave y altivo continente, más parecido a un coronel de húsares que a un fabricante de calzado. Cuando le informé de mis pretensiones y le ofrecí mi pie para que tomase sus medidas, retrocedió con sobresalto ofendido. «Señora condesa —me dijo—, disculpe vuecencia pero yo soy un hidalgo y por tanto no me rebajo a tocar los pies de nadie.» Asombrada, le pregunté cómo se las arreglaba entonces para hacer los zapatos. Repuso que preferiría trabajar como simple remendón, reparando los que se le llevaban, aunque no tendría inconveniente en fabricarme cuantos escarpines yo quisiera con tal de que le enviara mis medidas, tomadas por manos menos nobles que las suyas. No creáis que este tipo era un demente ni siquiera demasiado extravagante: sólo un español *como es debido*, según dicen aquí.

Pero quizá semejantes minucias domésticas no os interesen en absoluto. Me avergüenzo un poco de entreteneros con ellas. Por desdicha mi vida cotidiana está tejida de tan triviales incidentes y yo me entretengo estudiándolos y levantando crónica mental de ellos con la mayor seriedad, como si se tratase de acontecimientos de importancia histórica. Así combato la persistente amenaza del hastío, porque no todos los días tengo la suerte de recibir carta de Voltaire.

CAROLINA

Ferney, agosto de 177...

Sois curiosa, señora, aunque modesta en cuanto al objeto de vuestra curiosidad, que es tan pequeño como yo mismo dentro del infinito y abrumador universo. Pero podríais ser aún más curiosa y yo os lo perdonaría igual sin amaros menos por ello. Por ejemplo, no me habéis preguntado cuál es la mayor de mis aficiones, entre tantas —¡demasiadas, quizá!— artísticas y científicas que he pretendido cultivar a lo largo de mi vida. Os voy a responder a esa pregunta que no me habéis hecho, ganándome de este modo el derecho de no responderos tal vez mañana a una de las que me hagáis. Mi mayor afición ha sido siempre, desde mi mocedad, el teatro. Anotad esto en ese tratado científico sobre mi persona que seréis tan sensata como para no escribir nunca sabiendo que nadie sería lo suficientemente insensato para leerlo: Voltaire estuvo poseído desde muy joven por la pasión escénica. No me preocupa demasiado la gloria póstuma y sin dudar cambiaría diez siglos de gloria inmortal por el alivio de cualquiera de mis cólicos. Pero si queda memoria de mis obras, es por mis piezas de teatro por lo que espero ser recordado.

El teatro es la más atrayente de todas las carreras. Es ahí donde se puede obtener en un día nombre y fortuna. Una obra de éxito hace a un hombre al mismo tiempo rico y célebre. En mi caso, la recompensa económica es la que menos me ha preocupado siempre y acostumbro a distribuir mi parte de las ganancias entre los actores de la compañía que representa el drama. No me consideréis por ello demasiado generoso, amable señora, ni ridículamente desinteresado. He visto tantos hombres de letras pobres y despreciados que hace tiempo concluí que no debo aumentar su número. Sucede simplemente que he sabido arreglármelas para adquirir fortuna por medios que poco o nada tienen que ver con mis talentos literarios. ¿Queréis saber cómo? ¡Ah, veo que ocurre con vuestra curiosidad como con el apetito, que descubre su fuerza cuando se empieza a comer! Me apartaré un momento del teatro sólo por complaceros: bajo la voz porque me dispongo a hablaros de mis finanzas.

Siempre procuré administrar con tino mi pequeña herencia, haciendo inversiones a la vez seguras y provechosas. Ni los filósofos ni los poetas tienen fama de buen sentido en los negocios, sino que más bien se los presenta como inválidos niños grandes. Me rebelo contra esta leyenda de incompetencia: una persona acostumbrada a ejercer su razón no tiene por qué reservarla para la geometría o los versos. Mal parece guardar el sentido común para las ideas y privarse de usarlo en los asuntos de la vida. La independencia y la libertad, esos bienes supremos, necesitan dinero como un caballo necesita avena para estar fuerte y poder llevarnos lejos. Es cierto que a veces la concentración del pensamiento distrae de afanes mundanos: Tales iba mirando las constelaciones cuando se cayó al pozo, provocando la risa de la criada milesia. Pero sus conocimientos astronómicos le permitieron prever para el año siguiente una gran cosecha de aceitunas, y así compró anticipadamente las prensas de aceite con las que obtuvo grandes beneficios. La teoría, cuando no habla desde el prejuicio ni se pregunta por lo que sólo Dios puede saber, siempre tiene aspectos de utilidad para orientar la práctica.

Mi ejemplo sirve de prueba para lo que acabo de afirmar tanto como el caso de aquel famoso Tales de la antigüedad. Es indudable que mi capital inicial resultaba demasiado exiguo y ni en manos del mejor de los administradores podía producir grandes beneficios. Fue la ciencia la que vino en mi ayuda para permitirme multiplicarlo. Como medida popular para sanear las arcas estatales, el ministro de Finanzas Le Pelletier creó una importante lotería que despertó vivo interés en todo el país. Una tarde, durante la cena, apareció la lotería como tema de conversación. La Condamine, el gran matemático, comentó que había un error de base en su planteamiento, de tal modo que si un grupo de asociados comprase el conjunto de los billetes se llevaría la totalidad de los fondos en cada sorteo. Dado que el Estado también se consideraba jugador en el sorteo, mediante los billetes no vendidos, el importe total de su venta resultaba *menor* que la suma de los premios que podían concederse. ¡Curioso personaje, nuestro amigo La Condamine, mezcla modélica de conocimientos teóricos y juguetón sentido práctico! Cuando estrené con gran éxito mi tragedia de ambiente oriental *Zaïre* se presentó un día en una reunión disfrazado de turco, con tanta propiedad que me mantuvo engañado durante toda la charla de sobremesa. Pues bien, en cuanto conocimos gracias a La Condamine el fallo de la lotería, formamos una pequeña sociedad para aprovecharnos de la estulticia ministerial. De este modo ganamos más de un millón en cada uno de los sorteos, hasta que Le Pelletier o sus consejeros advirtieron el error fatal que habían cometido. Intentaron pleitear para que devolviésemos nuestras ganancias, pretextando que nadie tenía derecho a monopolizar todos los billetes, pero los tribunales nos dieron la razón. Este negocio nos proporcionó una bonita suma a cada uno de los socios y ocasión de innumerables risas a costa del señor Le Pelletier y su venerable mentor, el cardenal Fleury.

Con este capital sustanciosamente ampliado pude ya acometer empresas financieras de mayor alcance. Recabé el consejo de los hermanos Paris, que estaban considerados los mayores expertos en la materia, e invertí mi dinero siguiendo sus sabias directrices. Por entonces llevaba siempre mis carteras llenas de contratos, letras de cambio, pagarés y valores del Estado, documentos que no creo habitual encontrar en el portafolios de ningún escritor. Buena parte de mis fondos los puse en el asunto de los aprovisionamientos al Ejército y el resto en el comercio de Cádiz y en los barcos que trafican con América. En todos los casos la inversión resultó perfectamente rentable: el Ejército es una institución cuyas necesidades de avituallamiento nunca decaen y mis barcos fueron respetados por los piratas y supieron evitar los naufragios, al menos en la mayoría de los casos. Algunos me dicen que he sabido obtener provecho de los males que ardientemente denuncio, porque soy enemigo jurado de las guerras y proveo al Ejército, mientras que abomino de la esclavitud y obtengo rendimientos de algunos barcos que efectúan ese inhumano tráfico. Lo admito pero no me avergüenzo de ello. No he inventado ninguna de esas plagas ni nunca he callado por interés o prudencia mi requisitoria contra ambas: si estuviese en mi mano impedirlas, no durarían ni un minuto más. En cambio las he utilizado contra sí mismas, ganando gracias a sus beneficios económicos cierta invulnerabilidad ante los poderosos que me permite flagelarlas cuanto está en mi mano.

¿Me atreveré a decirlo? Creo haberme vengado del destino que me estaba reservado y del que aflige a los que son de mi condición. Nací bastante pobre y me he dedicado toda la vida a un oficio de pordioseros, el de emborronador de papeles, el mismo de Juan Jacobo Rousseau y de tantos otros: sin embargo, heme aquí con dos castillos, dos bonitas casas, setenta mil libras de renta, doscientas mil libras de plata al contado y otras cosillas obtenidas aquí y allá que me tomo buen cuidado de no contar. Ya sé que incomodaría menos a cuantos hoy quieren imponer su voluntad contra la razón si viviese en un simple tonel, como Diógenes: por eso me afean mi riqueza, que les impide aplastarme con su rencor y obligarme al silencio. Lamento no estar dispuesto a complacerles, porque no desdeño las lecciones de los cínicos pero entre ellas no encuentro la de que sea prudente seguir el consejo de nuestros enemigos.

Ahí tenéis el árbol genealógico de mi fortuna, cuyo incremento nada debe al arte escénico. Más bien podría aseguraros lo contrario, amiga mía: que mi afición a éste me ha costado mucho dinero. He llegado a edificar con mi peculio un teatro en Ginebra, donde no lo había, y he invertido gran parte de mi tiempo, la riqueza de la que todos los hombres estamos más escasos, en preparar representaciones para amigos y costearlas sin regateos. No creo que haya entretenimiento más digno que éste para las personas de bien. ¿Qué otro habríamos de preferirle? ¿El de barajar los naipes y apostar al faraón? Ésas son diversiones para quienes no tienen alma: los afortunados que la poseen deben buscar placeres más dignos de ellos. En el teatro se aprende al mismo tiempo a pronunciar bien la lengua y a hablarla con belleza y sentimiento. El espíritu adquiere nuevas luces y buen gusto; el cuerpo desarrolla sus gracias y aprendemos a recibir placer y darlo a los demás. Lo que más agradezco a los jesuitas que me educaron fue su costumbre de hacer representar piezas por los alumnos, en presencia de sus padres. Así comenzó esta afición mía de la que os hablo.

También el teatro es aula donde puede aprenderse la verdadera moral de la gente honrada, que rara vez coincide con la de los supersticiosos. Por eso éstos, comenzando por los jansenistas y siguiendo por Juan Jacobo Rousseau, aborrecen nuestro espectáculo. Desdichados sean tales bárbaros celosos, a los que Dios ha negado un corazón y oídos. Aún más desdichados esos otros bárbaros que dicen: *hay que enseñar la virtud en un monólogo, pues el diálogo es pernicioso.* ¡Vaya, señores míos, si se puede hablar de moral estando solo, no veo por qué va a ser imposible hacerlo entre dos o entre tres! Señora, vos que nada tenéis de bárbara (si lo fueseis temo que me reconciliaríais con la barbarie) ¿no os indignáis como me sucede a mí de ver a gente de alta posición decirse gravemente: dediquemos nuestra vida a ganar dinero, cabalguemos, conspiremos, emborrachémonos de vez en cuando pero guardémonos bien de ir a ver nunca *Polyeucte*? Un hecho histórico muy revelador: cuando la emperatriz Catalina de Rusia inauguró bajo su patrocinio el primer teatro de Moscú, tuvo que obligar a los nobles por medio de multas a que asistieran a sus representaciones. ¿Deberemos imitar también en esto las costumbres despóticas de los escitas?

Del teatro lo amo todo, pero muy especialmente —a vos puedo decíroslo— amo a las grandes actrices. Las he conocido de tipos muy diversos, porque la máxima habilidad artística puede darse en temperamentos e ingenios de lo más variados. Algunas comediantas insignes, como la señorita Clairon, han sido personas de inteligencia muy despierta y tan capaces de razonar sobre unos versos como el escritor de mejor gusto. Pero otras fueron tontas de remate y no por ello peores sobre el escenario. La señorita Duclos, por ejemplo, una de las primeras divas a la que conocí personalmente, tenía una voz admirable y una dicción cantarina que subyugaba al público. Sólo con el tono que sabía dar a expresiones como «mi padre» o «mi amante» hacía llorar a toda la sala. Entre bastidores yo solía burlarme tiernamente de ella: «A ver, señorita, me han dicho que no os sabéis el *Credo*.» Y ella, muy ofendida: «¡Vaya que no! Voy a rezarlo: *Pater noster qui*... Ayudadme un poquito, caballero, que no me acuerdo de lo que sigue.» A los cincuenta años su belleza seguía siendo perfecta y cultivaba con gran ahínco un escuadrón de amantes jovencísimos. Para celebrar su cincuenta y cinco cumpleaños se casó con un galán de diecisiete... Vos, que sois mucho más joven que yo, quizá hayáis visto actuar a la señorita Gaussin, cuyos favores os diré en confidencia que disfruté durante un breve período. Era muy bonita al modo más sensual y destacaba en la interpretación de papeles morunos: su *Zaïre* fue insuperable.

Pero sin disputa la más excelsa de todas las que he tenido la suerte de conocer fue aquella Adriana

Lecouvreur a la que creo ya haberme referido en una de mis cartas anteriores. He tenido la suerte de conocer varias mujeres excepcionales a lo largo de mi vida y he aprendido siempre de ellas más que de la mayoría de los hombres: la señorita Lecouvreur me resulta inolvidable, no sólo por su arte sino sobre todo por su personalidad, que tanto contrastan con la forma en que fue tratada a la hora de su muerte. Sin ser propiamente hermosa, pues estaba demasiado robusta y sus rasgos eran algo irregulares, lograba que los viejos la alabasen y los jóvenes perdieran por ella el corazón y el juicio. Tenía una gracia indescriptible en el porte y en las maneras, una música seductora en la voz, el fuego del sentimiento en sus ojos oscuros y una móvil pero noble expresión en el rostro. Su forma de interpretar supuso toda una revolución en los escenarios parisinos. La *Comédie Française* imponía un estilo declamatorio y vociferante: ella recitó los versos con naturalidad, sin otro énfasis que la claridad de enunciación y un volumen de voz adecuado para ser oída por los oyentes más alejados. Los comediantes tradicionales superponían sus monólogos, sin parecer darse la réplica ni atenderse unos a otros mientras guardaban silencio; la señorita Lecouvreur era tan expresiva cuando callaba como cuando intervenía y puede decirse que escuchaba *activamente*. Pese a lo desdichadamente breve de su carrera, el arte histriónico francés nunca volvió a ser lo mismo después de su paso por los escenarios. Todo lo cual se fundaba también en su hondura de sentimiento, en su capacidad para comunicar la pasión y la ternura del amor o el patetismo y hasta el terror de una escena trágica. Siempre he sostenido que para ser capaz de transmitir un movimiento de ánimo con fuerza hay que experimentarlo antes con fuerza también. Discrepo pues de la ingeniosa pero sofística doctrina de mi amigo Diderot en su *Paradoja del comediante*, según la cual es el actor que permanece más frío el que mejor sabe simular la pasión.

Adriana Lecouvreur llegó a ser una de las mujeres más instruidas de Francia. No había frecuentado a Racine y a Molière en vano, ni se sabía a Corneille de memoria como un delicioso papagayo. En su salón se respiraba un ambiente intelectual sin afectación y a su mesa se sentaban con agrado Fontenelle, el conde de Caylus y muchas damas de alcurnia, que en secreto la envidiaban. El conde de Argental, amigo de toda mi vida, a quien por sus bondades para conmigo suelo llamar «mi ángel guardián», se enamoró de ella con verdadero arrebato. Yo también la amaba, aunque con mayor discreción. La madre de Argental temía que el joven impetuoso propusiera matrimonio a una actriz y juró enviarle a las colonias hasta que se repusiera de su pasión. Cuando lo supo, Adriana le escribió una carta que revela la generosidad humana de su carácter: «Señora, diré por escrito a vuestro hijo lo que vos me ordenéis. No le veré nunca más, si usted así lo quiere. Pero no amenace con enviarlo al fin del mundo. Puede ser útil a su país; puede ser la alegría de sus amigos; le procurará a usted satisfacciones y fama; sólo tiene que guiar sus talentos y dejar que sus virtudes actúen.» Argental llegó a ser consejero del Parlamento de París y somos muchos lo que mucho debemos a su inteligente bondad. Hace poco, cumplidos ya los ochenta y cinco años, encontró entre los papeles dejados por su madre esa carta de la señorita Lecouvreur, que desconocía. Lloró sobre ella, como lloran los mejores sobre el pasado y sobre las huellas de la renuncia.

También el joven príncipe Mauricio de Sajonia le declaró su amor y ella le correspondió con pasión insólita. Fueron amantes y vivieron en tan amartelada compenetración que la ironía de los parisinos les comparaba con los tórtolos enamorados de La Fontaine. Pero el príncipe soñaba con hazañas y victorias militares; en cuanto fue nombrado mariscal de campo corrió a Curlandia a probar fortuna y fueron fondos proporcionados por su amante los que costearon en parte su aventura. Volvió años más tarde, derrotado pero nimbado por un aura de heroísmo que sus hazañas posteriores se encargaron de confirmar. La señorita Lecouvreur tenía ya treinta y seis años, cuatro más que él, y le pareció demasiado avejentada para reiniciar su romance; sobre todo cuando una docena de ricas mujeres más jóvenes le invitaban a compartir su lecho y sus rentas. Adriana nunca se recuperó completamente de este triste desaire. Al poco tiempo comenzó a padecer unas manifestaciones diarreicas que se fueron agravando hasta comprometer su vida. Un final fisiológicamente humillante para esa mujer exquisita, pero la naturaleza carece no sólo de piedad sino hasta de buen gusto. Continuó interpretando papeles con menguadas fuerzas aunque manteniendo todo su arte intacto y hubo varias veces que retirarla desmayada del escenario. Su última aparición fue en el papel de Yocasta de mi *Edipo*. Después, una sucesión de hemorragias la postró en el lecho del que ya no se levantó. Su desagradecido mariscal no apareció ni un momento en ese trance. Sólo Argental y yo seguimos junto a ella hasta el final: me enorgullece decir que murió en mis brazos.

Así terminó su último calvario, pero no los ultrajes que una sociedad imbécil le reservaba. Como sabéis, Francia es el único país cristiano en el que se sigue tratando a los comediantes como excomulgados y se les niega hasta el derecho de ser enterrados en suelo sagrado. Cuando están vivos se les considera dignos de entretener a los reyes; cuando mueren se les niega una tumba decente y se arrojan sus despojos al estercolero, como si fuesen los de un perro. Alguna vez los actores deberían mostrarse firmes y decir: no podemos cumplir las funciones de nuestro estado, que a tantos agrada, si nos envilecéis, estamos cansados de ser llevados a la cárcel si nos negamos a interpretar y excomulgados si interpretamos, decidnos de una vez a quién debemos obedecer si al rey o al párroco, ponednos en el último rango de la sociedad, pero dejadnos al menos disfrutar de los derechos que no se le niegan ni a los verdugos ni a los prestamistas, etc... Estoy seguro de que si hablasen así y no cediesen habrían de ser escuchados, pero nadie se atreve a dar el primer paso. Todos confían en que en su caso, merced a algún subterfugio legal, se hará una excepción ante esta ley cruel.

Pero tal excepción requiere comportamientos hipócritas y amistad con los devotos. Adriana Lecouvreur era sincera, amiga notoria de filósofos y rechazó los últimos ritos eclesiásticos pues no quiso simular en la agonía la devoción que no sintió cuando gozaba de salud. Ningún cementerio quiso acogerla y el arzobispo de París, inquisidor más por fatuidad que por fe, se ocupó personalmente de que su cadáver fuese convenientemente despreciado. Sus amigos tuvimos que trasladarlo de noche, en un coche de alquiler y sepultarlo clandestinamente a orillas del Sena, en lo que ahora se llama calle de Borgoña. Un par de meses más tarde, en Inglaterra, la actriz Anne Olfield fue sepultada con los mayores honores públicos en la abadía de Westminster, junto a los reyes y a Newton. ¿Me acusarán otra vez de poco patriotismo al preferir los usos ingleses a los nuestros? Tras el furtivo entierro, indignado por este proceder inicuo con alguien cuyo pecado había sido llevar sentimiento y buena literatura a espectadores mezquinos, escribí un poema a la muerte de Adriana. Creo que es el más conmovido de todos los que he compuesto pues lo imaginé como el monumento póstumo de aquella a la que hasta una simple lápida era negada. Mis versos escandalizaron a muchos que no consideraban escandaloso ofender públicamente el cuerpo indefenso de una de las más ilustres mujeres de Francia. Incluso intenté amotinar a los comediantes en una huelga de protesta, sólo para encontrarlos resignados y timoratos. Sabían bien que la mayoría del público disfrutaba con el genio de Adriana pero también que apoyaba la altivez fanática del arzobispo. Los atropellos nunca acaban si gozan de la impunidad que concede la abulia de quienes deberían reprobarlos.

Cuando volví de Inglaterra y comparé la forma de interpretar que allí había visto con nuestro histrionismo a la francesa, tuve claro que era preciso cambiar muchas cosas. El arte de Adriana Lecouvreur marcaba el camino que debíamos seguir, pero tropezaba con la inercia de lo que se consideraba «buen gusto» tradicional y no era más que rutina. Nuestros comediantes lograban ser a la vez ampulosos y fríos, estrepitosos y desprovistos de verdadera pasión. Estaban acostumbrados a organizar su trabajo en torno al actor o actriz principal, sin someterse a otro criterio que el lucimiento del protagonista. Con el prestigio que me concedía ser un autor de éxito, aunque mis triunfos se vieran siempre rodeados de polémica, me empeñé en asistir a los ensayos y dirigir a los actores para que hablaran y se moviesen como yo había visto comportarse en los escenarios de Londres. Algunos de los mejores, como el señor Lekain o la señorita Clairon, entendieron en seguida lo que yo pretendía, pero otros más torpes o más anticuados se negaban a abandonar los viejos hábitos. Me pasaba los ensayos repitiendo: más naturalidad, más soltura, más fuego... Después de una larga sesión intentando mejorarla, una comedianta poco dotada me espetó: «¡Estoy harta! ¡Para interpretar así el papel hay que tener el diablo en el cuerpo!» «Desde luego, señorita —contesté inmediatamente—. Estar poseído por el diablo es necesario para triunfar en cualquier arte.»

Pero el pobre resultado de los espectáculos teatrales que veíamos en París no tenían los malos usos de la *Comédie Française* como únicos culpables. El público también contribuía bastante a estropear las funciones. Para empezar, no menos de ciento cincuenta petimetres que pagaban un suplemento al precio de la entrada se sentaban en el mismo escenario, flanqueándolo por los tres lados. Ello contribuye a que la mayoría de nuestras obras no sean más que largos discursos, pues toda acción teatral se pierde en tales condiciones o, si se practica, resulta ridícula. ¿Cómo conservar la ilusión escénica si los comediantes deben moverse dificultosamente entre una muchedumbre de mirones? En una de mis piezas, *Semíramis*, aparecía un fantasma, idea que confieso haber tomado de *Macbeth*, esa tragedia irregular pero potente del bárbaro inglés. La diferencia es que la fúnebre sombra de Banquo nunca tuvo que materializarse entre una multitud como la que encontró el alma en pena de mi obra, que para llegar al proscenio desde las bambalinas tenía que atravesar varias filas de espectadores. El día del estreno, desesperado, grité desde mi palco: «¡Dejen pasar al espectro, señores, por favor! ¡Por favor, paso al espectro!» No contribuyó en nada al realismo de la pieza, pero sí aseguró cierto éxito cómico.

Tal era otro de los problemas que el público francés planteaba a comediantes y autores dramáticos: su manía de intervenir con agudezas y groserías en las representaciones. La salida ingeniosa que se le ocurría a un espectador y que éste nunca se callaba podía acabar con la mejor tragedia. Así pasó con mi pieza histórica *Adelaida Duglesclin*. Uno de los protagonistas se llama Coucy y en la última escena, de gran fuerza trágica, su adversario le pregunta: «¿Estás contento, Coucy?» El gracioso de turno gritó el día del estreno desde el *parterre*: «*Couci-couça!*» Allí naufragó la historia de la desventurada Adelaida. Hoy estos comportamientos ya se han hecho más raros y hemos logrado que los petimetres abandonen el escenario, pero aun así creo que las mejores representaciones de mis obras se han dado en mis teatros de Cirey o de Ferney, con actores aficionados escogidos entre mis amigos y ante un público tan selecto como respetuoso. Yo mismo acostumbro a trabajar como actor en tales piezas, siendo mi papel favorito el del viejo Lusignan, padre de Zaïre. Para tratarse de simular a un ferviente cristiano preocupado por la salud espiritual de su hija, creo que no lo hago mal del todo. En fin, amiga mía, el espectador es un ser cruel: con nadie se es tan severo como con quien pretende agradar a muchos y no lo logra. Por otra parte, no quisiera tampoco resultar injusto con el público de París, que me ha sido tantas veces entusiásticamente favorable. Debéis saber que la costumbre de sacar al autor al escenario al final de la pieza para agradecer los aplausos comenzó precisamente conmigo tras uno de mis mayores éxitos, *Mérope*. ¿Conocéis la obra, señora? Os juro que no está nada mal...

Los críticos, insectos efímeros cuya voz dura un solo día, me acusan de haber escrito demasiado teatro y demasiado de prisa. En parte tienen razón. No ignoro que muchas de mis obras tienen fallos, versos poco afortunados y falsos desenlaces. Me gustaría ser juzgado sólo por las que creo mejores, como *Zaïre* o mi *Mahoma*. Esta última tuvo que ser retirada a los tres días de estrenarse por orden de la autoridad, que me «convenció» amablemente de que sería mejor para mí no mantenerla en cartel. La tragedia se centra en la figura del profeta Mahoma, al que presento como un hábil impostor que propone un credo fanático a la plebe para poner en pie un gran ejército y conquistar a sus vecinos. No pretendo que históricamente Mahoma fuese un impostor, pues todo parece indicar que era intolerante y feroz pero sincero. Tampoco se trata de un ataque a la civilización musulmana, cuyos méritos he destacado convenientemente en mi obra histórica *Ensayo sobre las costumbres*. Lo que me interesaba subrayar es hasta qué punto la credulidad popular puede ser aprovechada por un desaprensivo para convertir la religión en arma de guerra y justificación de crímenes. Conocéis la opinión del clásico al respecto: *tantum religio potuit suadere malorum*. Por supuesto, no me refiero sólo a Mahoma al plantear esta escabrosa cuestión. Así lo entendió el procurador general Omer Joly de Fleury, quien denunció la tragedia como el no va más de la impiedad, la irreligión, el ateísmo y restantes males que alarman a los devotos. Fue apoyado por el censor de la policía, que era por entonces el dramaturgo Crébillon, enemigo mío porque atribuía el fracaso de sus anticuadas tragedias al éxito de las mías. Los jansenistas, que saben bien el afecto paternal que les profeso, hicieron coro con ambos. Por una vez coincidieron con ellos los jesuitas, sus antagonistas ante el reino celestial, quienes también quisieron darse por aludidos. Es cierto que a mí todos esos grupos de creyentes acabados en «istas», «itas», «anes», «anos», «ólicos» y «antes» me resultan igualmente enemigos de la razón. Tal animadversión se revelaba por lo visto con demasiada claridad en mi *Mahoma*. Uno de sus versos ponía esta declaración en boca del falso profeta: «Quien se atreve a pensar no nació para creerme.» Todos los farsantes oyeron así dicho en voz alta lo que ellos murmuran por lo bajo para que no se les oiga. Y declararon la guerra santa contra mi tragedia. Siempre ha sido mi destino ser considerado sumamente impío por decir de cien maneras que nunca se hace bien a Dios al hacer daño a los hombres. En un último intento de salvar la representación, quise mandar una copia de la obra al mismísimo Papa, acompañada de una respetuosa dedicatoria. El Santo Padre aceptó el envío con unos cuantos desvaídos y cautos elogios. Se los agradecí comunicándole que nunca creía tan firmemente en su infalibilidad como cuando le escuchaba encomiar mis versos. Pero la gestión fue inútil y no hubo más remedio que retirar definitivamente *Mahoma* de los escenarios franceses. Lástima, porque es una hermosa tragedia: muy instructiva.

En mi teatro he querido conservar lo mejor del gusto clásico sin caer en algunos excesos del capricho moderno. Creo importante aportar algunos elementos más realistas en los argumentos pero no comparto las teorías del gran Diderot, que ha compuesto dos tragedias —*El hijo natural* y *El padre de familia*— protagonizadas por burgueses, con tramas domésticas... ¡y en prosa! No, señora, a tanto no estoy dispuesto. Mis personajes provienen de la mitología o de la historia y desde luego no pienso renunciar al verso que ennoblece este género. También rechazo incluir en la tragedia problemas vulgares, sobre todo intrigas amorosas a lo Marivaux. Sostengo que todo lo que no es una pasión furiosa y trágica debe estar excluido del teatro serio; los amores insípidos deben ser expulsados de los escenarios como hemos hecho con los petimetres. Incluso con la verosimilitud de los decorados es preciso tener cuidado: en mi *Olimpia* aparecía un gran fuego ardiendo frente al sagrado altar y me empeñé en que el fuego fuese auténtico, lo que en una de las funciones estuvo a punto de provocar un incendio en la sala... He intentado también que el vestuario de los actores corresponda en lo posible al de los personajes que representan. En mi *Alzira*, los conquistadores españoles y los indios peruanos llevaban indumentarias en consonancia histórica con su condición, lo cual constituye una auténtica innovación pues si no me equivoco nadie lo había intentado antes.

¿Cuáles son mis modelos? No desde luego ese Shakespeare al que vos tanto apreciáis. Reconozco que la naturaleza hizo mucho por él, regalándole diamantes que no supo pulir literariamente, quizá por culpa del atraso de su tiempo. No sólo basta el genio, también el gusto es necesario: Cimabue tenía genio pictórico pero sus cuadros no valen nada y Lully poseía talento musical pero ya nadie aguanta sus composiciones salvo en Francia, pese a que estamos cansados de ellas. Fuera de Inglaterra ¿quién aceptaría montar ninguna obra de Shakespeare? Le he traducido verso a verso y puedo certificaros que es pura barbarie en un noventa y cinco por ciento de ellos. Si alguna vez las obras de ese ogro borracho triunfaran en todos los escenarios europeos, sería señal de que la corrupción del gusto teatral es ya irreversible. Peor todavía me parece el español Calderón, cuyo *Heracleus* también he traducido minuciosamente. Shakespeare fue un bárbaro, pero su pensamiento es libre y a menudo irreverente; Calderón es un *cura bárbaro*, la peor de las especies. ¡Si a vuestros españoles les gustan sus ininteligibles disparates clericales, merecen la inquisición que padecen! Fuera de los italianos y de los franceses del pasado siglo, nadie sabe componer buen teatro. Respecto a la ópera, una vez escribí un libreto para Rameau pero no pienso reincidir en la experiencia. En los ensayos, el imperioso Rameau hostigaba a los cantantes: «¡Más de prisa! ¡Cantad más de prisa!» Le respondieron que si iban aún más de prisa nadie entendería la letra. «¿Y a quién le importa eso? ¡Basta con que se escuche la música!» Así terminó mi colaboración en ese género mestizo.

Acabo estas disquisiciones que no me habéis pedido y que no sé si pueden agradaros. El teatro es importante porque es el rey de los entretenimientos y sin entretenimientos la existencia resulta insoportable, por mucho que le moleste escucharlo a Pascal. Por eso se venden tantas novelas, la mayoría malas, y por eso se juega a las cartas desde una punta de Europa a otra. Es imposible quedarse a solas seriamente con uno mismo. Si la naturaleza no nos hubiera hecho un poco frívolos, seríamos aún más desgraciados de lo que somos. Gracias a que somos frívolos la mayoría de la gente no decide ahorcarse. En busca de salvador entretenimiento pedís que os escriba, señora, y porque os comprendo y deseo agradaros os cuento tonterías sobre mi persona. Ya sé que es poca cosa, pero también la vida es poca cosa. Gozad de ella cuanto podáis mientras aguardamos a la muerte, que no es nada. Y no es que la nada no tenga sus cosas buenas, pero me parece imposible amarla pese a sus mejores cualidades.

VOLTAIRE

Madrid, agosto de 177...

Por favor, no os quejéis de los usos ni aun de los abusos de los espectadores en los teatros de París. Os aseguro que pueden representarse dramas en condiciones bastante más indeseables. ¿Queréis saber cómo está dispuesto un teatro cualquiera de Madrid? Para empezar, los palcos son completamente abiertos, sostenidos tan sólo por unas columnillas y no tienen protección alguna que resguarde la mitad inferior de quienes los ocupan de las miradas de los que llenan el patio. Los beatos de por aquí dicen que esta configuración es prudentísima y que debería ser imitada en Italia o Francia. En efecto, los enamorados, si tienen la seguridad de que no se les ve desde abajo, pueden cometer indecencias, cosa que debe ser impedida a toda costa... También son de temer otros desórdenes, pues en Madrid actúan dos compañías —la del teatro del Príncipe y la del de la Cruz— cada una con su propia horda de partidarios acérrimos, llamados *chorizos* los unos y *polacos* los opuestos, dedicados a alborotar lo más posible durante las representaciones del grupo rival y a convertir el corral de comedias en campo de batalla. ¿Os he dicho ya que esta España es tierra de cultivo de indóciles banderías, carentes de propósito constructivo alguno y sólo definidas por el antagonismo homicida que se profesan entre sí?

Va a comenzar la representación. Frente a la escena hay un gran palco, el mayor y más ricamente adornado de todos, que lógicamente vos suponéis que espera a algún miembro principal de la nobleza o del gobierno, quizá al mismo rey. Nada de eso. Pronto lo ocupan los padres inquisidores para vigilar desde esa atalaya privilegiada las buenas costumbres tanto de los actores como de los espectadores y por supuesto el contenido doctrinal de la pieza. ¡La herejía apunta donde menos cabría esperarla o se disfraza con palabras de doble sentido! Os entretenéis en contemplar a estos figurones de venerable hipocresía, cuya misión es obligar a ser hipócritas a todos los demás, cuando de repente el centinela que está a la puerta del patio grita estentóreamente: «¡Dios!» Al oír esta voz de alarma, todos los espectadores, hombres y mujeres, así como todos los actores que ya se encuentran en el escenario, caen al unísono de rodillas y permanecen en esa postura hasta que deja de oírse el son de una campanilla que repica en la calle. Ese sonido anuncia que pasa un cura llevando el santo viático para algún enfermo grave. En caso de epidemia, la función llega a interrumpirse tres o cuatro veces y en cada ocasión hay que someterse a la piadosa gimnasia de la genuflexión. Tanto trajín conspira contra la ilusión escénica mucho más que la presencia de trescientos petimetres en el tablado.

Pese a todas estas concesiones al clero, que resultan ridículas cuando no intolerables para quienes conocen otros países europeos menos fanáticos, en las parroquias y en los conventos se murmura contra la tímida restauración del teatro en España. Para muchos eclesiásticos toda representación teatral es cosa diabólica, aunque se trate de un auto sacramental de Calderón. Por cierto, estoy de acuerdo también en esto con vos: si algo demoníaco hay en Calderón es el tedio que producen sus autos y lo absurdo de las alegorías teológicas con las que tortura al espectador. No consiento que se le compare con Shakespeare, a cuyas vigorosas virtudes poéticas soy más sensible que a los defectos que apuntáis.

Es el rey Carlos III quien insiste en abrir teatros en Madrid y Barcelona, para asemejar estas incultas villas al Nápoles de Goldoni que tanto debe añorar. Frailes y curas, aliados con los enemigos de los faroles y de las capas cortas, juran que esta afición al arte de Talía no tiene otro objetivo que descristianizar este bendito país. Un tal Moratín ha escrito que «el teatro español es la escuela de la maldad, el espejo de la lascivia, el retrato de la desenvoltura, la academia del desuello, el ejemplar de la inobediencia, insultos, travesuras y picardías». ¡La buena gente que antes se divertía con las romerías de los santos y contando adivinanzas en corro ahora tendrá ocasión de verse corrompida por las tramas sofísticas que inventa la marrullería de los poetas! Me parece que estos argumentos son muy semejantes a los que ha manejado el señor Rousseau para responder al señor D'Alambert cuando éste propuso en un artículo de la Enciclopedia abrir teatros en Ginebra. ¿Estoy equivocada? A lo que no ha llegado Rousseau es a componer coplillas casi subversivas contra la autoridad real como la que os copio a continuación, debida según dicen a los carmelitas de un convento de Cuenca:

> *Auméntense los teatros,*
> *quítense iglesias de España,*
> *y pues que lo manda el rey*
> *todo lo demás es zambra.*

Por favor, me ahogo, mi hastío empeora porque se le mezcla el asco: no hago más que hablar de inquisidores, beatos y frailes. ¡Rápido, abrid las ventanas, necesito aire! Es decir, necesito más Voltaire. Vuestra vida, amable señor, está jalonada por cientos de obras maestras de todos los géneros. Pero permitidme que me desvíe por el momento de ellas y os pregunte sobre una cuestión más íntima que también ha suscitado numerosos comentarios, los unos dictados por la admiración y los demás por la envidia. Se dice que no habéis tenido más que un verdadero gran amor en vuestra fecunda existencia y que en ese amor se mezclaron todos los estilos que os son favorables, pues hubo en él filosofía, enredo picaresco y finalmente tragedia. Quisiera que me hablaseis francamente de tal episodio. Espero que no veáis en esta súplica una simple prueba de la comezón femenina por asuntos de galantería: recordad que sois mi asunto científico y que me aplico a estudiaros desde todas las posibles perspectivas. Además, tengo vuestra licencia para ser aún más curiosa de lo que me he mostrado hasta ahora...

CAROLINA

Ferney, agosto de 177...

Cuando una dama pregunta a un anciano por sus amores pasados no demuestra curiosidad, amiga mía, sino crueldad. Tendrá la ocasión de ver al viejo simio caquéctico bajo la más lamentable de las luces, intentando ufanarse de buenas fortunas transcurridas hace medio siglo, pavoneándose mientras narra leyendas sobre sí mismo que los años y la senilidad le han terminado por hacer creer. Quien habla con los jóvenes no encuentra más que amantes desdichados; pero cuando se pregunta a los viejos, la crónica versa siempre sobre conquistas y pasiones felizmente satisfechas. Cada edad tiene sus propias mentiras y sus correspondientes consuelos.

En ese campo de batalla donde ningún veterano admite más que victorias, el moribundo que os escribe tiene el valor de reconocer desfallecimientos y retiradas. He librado mis combates, desde luego, como cualquier otro; sin embargo, recuerdo pocas hazañas memorables. Mi temperamento aprueba y busca el placer, pero mi salud me ha prohibido el libertinaje con mayor rigor que mis principios. Lo que llamamos amor, según creo, no es más que el tejido de la naturaleza bordado por la imaginación. No me ha faltado capacidad para tales encajes, todo lo contrario, pero en cambio mi urdimbre natural presentó desde la cuna serias deficiencias. Con la edad y la abundancia económica he sido capaz de convertirme en patriarca, mientras que nunca tuve la suerte de ser padre. Dejémoslo estar. La memoria me permite evocar a veces con dulce excitación remotas picardías; no echo de menos las apoteosis carnales de las que otros se enorgullecen ni voy a fraguarlas ahora por escrito faltando al respeto que os debo a vos y a la verdad. Os escribo acostado con mis achaques en un lecho del que añoro más las largas noches de sueño tranquilo frecuentes en la juventud que los esparcimientos eróticos de aquellos años. Y sin embargo... Cuando el placer del amor nos abandona definitivamente, sabemos que nuestro pobre cuerpo se ha hecho del todo candidato a la muerte. Y entonces, ya sin celos, nos tonificamos pensando que quienes aún practican el amor nos vengan briosamente de nuestra derrota. Ahora que tengo más de ochenta años comprendo por fin el sentido enigmático de las últimas palabras pronunciadas en su lecho de muerte por mi amiga la señora de Fontaine-Martel. «¿Qué hora es, amigo mío?» «Las dos en punto, señora.» «¡Ah, cómo consuela saber que a cualquier hora siempre hay gente haciendo lo necesario para prevenir la extinción de la especie!»

Por lo pronto me atrevo a deciros que Emilia fue para mí mucho más que un gran amor: fue mi mejor amigo y el más estimulante de mis cómplices. Notad que hablo de su amistad en masculino, para diferenciarla de otras amables intimidades con personas de vuestro sexo, cuyas confidencias siempre he estimado más que las de los varones. Pero la amistad femenina tiene algo de acogedor y suave, mientras que en la masculina —por tierna que sea— nunca falta un punto de emulación y cierto tono de exigencia implacable. Emilia siempre decía que quería ser tratada como un hombre en todas partes, menos en la cama. Mi relación con la marquesa de Châtelet acaparó todos los registros imaginables: fuimos amantes apasionados durante cierto tiempo y amigos siempre, tanto en el uso femenino como en el masculino de la amistad. Nos instruimos y completamos mutuamente; estudiamos juntos; discutimos con el máximo fervor filosófico; hicimos experimentos científicos y cálculos matemáticos; nos defendimos el uno al otro de las asechanzas de nuestros rivales y hasta de los peligros de nuestros temperamentos, pues nos conocíamos mutuamente a la perfección. Discrepamos en lo teórico, nuestros caracteres chocaron hasta hacer saltar chispas y desde luego no siempre fuimos «fieles» en el sentido fastidiosamente conyugal de esa hermosa palabra. Pero cada cual permaneció *leal* al otro, a la verdad del otro, al ser del otro, hasta el final. Y duró dieciocho años, señora.

Se llamaba Gabriela Emilia Letonnelier de Breteuil y fue marquesa de Châtelet desde su matrimonio a los diecinueve años. Procedía de una familia muy antigua y noble; para mi gusto, siempre se mantuvo demasiado consciente de lo distinguido de su linaje. El barón de Breteuil, su padre, se ocupó de que recibiera una educación muy completa, lo que convenía perfectamente a las disposiciones intelectuales de la dama. Dominaba el latín como la señora Dacier: se sabía de memoria los trozos más hermosos de Horacio, de Virgilio y de Lucrecio; las obras filosóficas de Cicerón le eran familiares. De las lenguas modernas había aprendido italiano y algo de alemán. En cambio nunca se molestó en estudiar español pues le habían dicho que la gran obra de la literatura en ese idioma pertenecía al género humorístico y carecía de aprecio por lo que consideraba frivolidades. No necesito deciros que a ese respecto nuestros caracteres mostraban muy serias discrepancias. Cuando nos conocimos aún no sabía inglés, pero lo aprendió conmigo en pocas semanas, hasta el punto de ser pronto capaz de leer y más tarde de traducir espléndidamente al gran Newton, así como las obras de Locke y Pope. Pues su gusto predominante eran las matemáticas y la metafísica. No creo que haya habido mujer en Francia con mejor cabeza que ella para las ciencias y tampoco la mayoría de los hombres podía superarla en ese terreno. Conocía bien a Descartes y a Leibniz; después consiguió una rara maestría en las doctrinas de Newton. Escribía con claridad, precisión y elegancia. Compuso unas *Instituciones de física* que desarrollaban excelentemente parte del sistema de Leibniz y también un *Discurso sobre la felicidad* que mezclaba con agudeza las enseñanzas de los sabios clásicos con las observaciones de los mejores entre los modernos. Y en ambos libros aportó ideas propias, llenas de justeza y de razón: hablando de la felicidad, por ejemplo, condena los remordimientos —tan alabados por los moralistas devotos— como propios para cubrirnos de confusión sin provecho alguno. Carecía de simpatías por la superstición y detestaba el fanatismo.

No vayáis a creer que fue algo así como un espíritu puro y desencarnado. Le gustaban las diversiones, el lujo, los trajes, las joyas. La vida mundana le atraía tanto como el recogimiento estudioso y abogaba con elocuencia para incorporarme a la corte, que a mí me seducía menos que a ella a causa de tristes experiencias anteriores que ya conocéis. Una de sus pasiones más excesivas era el juego de naipes, al que se entregaba en ocasiones de manera peligrosa y que le trajo abundantes complicaciones. Y desde luego sentía con viveza la llamada de la sensualidad y de la galantería, con audacia que a veces podía parecer obscena a los más recatados. Su marido, el marqués de Châtelet, era mucho mayor que ella y no compartía sus aficiones intelectuales, aunque las respetaba. Fue un militar dedicado exclusivamente a sus campañas, que por suerte le mantenían casi siempre lejos de casa. Como había decidido tolerarlo todo, aparentaba no enterarse de nada. Pasó temporadas con Emilia y conmigo en Cirey sin causar nunca mayor trastorno que dar cabezadas ostentosas cuando nuestra sobremesa se prolongaba demasiado discutiendo cuestiones filosóficas.

Emilia era alta, corpulenta, bien formada y de facciones quizá no propiamente hermosas pero sin duda atractivas. Combinaba de manera desconcertante el mayor refinamiento intelectual y una avidez casi vulgar por esparcimientos nada elevados. De vez en cuando llamaba para un recado a un criado bien parecido y le recibía desnuda, sumergida en el agua transparente de la bañera. En nuestra sociedad la mayoría de las mujeres vive esclavizada por los prejuicios y las cargas familiares, pero cuando una escapa a ese común destino —por azares de la educación, la fortuna o el temperamento— logra hacer lo que le da la gana en un grado que ningún varón sabe permitirse. A mi Emilia le gustaban los cerebros ingeniosos y bien adiestrados pero instalados en cuerpos decididamente apetecibles. Como no siempre es fácil tenerlo todo, hizo conmigo una excepción en homenaje a la mitad intelectual de mi desigual combinación. En seguida os contaré por qué medios corrigió más adelante esta deficiencia en nuestra relación, de la que siempre estuvo un tanto quejosa.

Cuando nos conocimos, ella tenía ventisiete años y yo treinta y nueve. Había vuelto hace no mucho de Inglaterra y atravesaba una época particularmente fastidiosa de mi vida, porque perseguirme parecía haber llegado a convertirse en un hábito de nuestras autoridades más obtusas. Mis *Cartas filosóficas* habían sido quemadas públicamente por mano del verdugo y pesaba sobre mí una orden de prisión, momentáneamente suspendida. El arzobispo de París, Vintimille, que amaba con pasión a las mujeres pero no gustaba de los filósofos, me denunció por una *Epístola a Urania*, dos de cuyos versos dirigidos al mismo Dios sonaban así:

No soy cristiano pero es para amarte mejor,
pues te han convertido en tirano y yo busco un
[*padre.*

Algunos indiscretos habían hecho circular varios cantos de una epopeya de tono humorístico titulada *La Doncella de Orleans*, que sumieron a los beatos en auténticos trances de furor. En ella, la virginal Juana de Arco pasa sus apuros con un asno de ímpetus carnales poco respetuosos... Yo negaba con firmeza la paternidad de cualquiera de esas obras. Creo que hay que decir audazmente y con fuerza lo que uno piensa, pero sin admitir luego ningún escrito comprometedor. Nos reconocen, claro está, pero no pueden probarnos nada. Escribir y esconder la mano, tal ha sido siempre mi lema. La mentira no es un vicio más que cuando hace daño. En cambio cuando sirve para ayudar al bien es una gran virtud. Nunca he dejado de ser en esto muy virtuoso. Hay que mentir como un auténtico diablo, no tímidamente, no de vez en cuando, sino con plena osadía y siempre. De otro modo, resulta demasiado gravosa la vocación de apóstol para quienes no poseemos también la de mártir. Lo malo es que en ciertos momentos no por mucho negar se libra uno de la persecución. Tal resultaba ser entonces mi caso. Hérault, el prefecto de policía, que no me era del todo desfavorable, me aconsejó con solemnidad amenazadora: «Cuanto más talento tengáis, señor mío, más debéis sentir que os rodean los enemigos y los envidiosos. Debéis cerrarles la boca para siempre con una conducta digna de un hombre sensato y que ya tiene cierta edad.» Pero a los enemigos y a los envidiosos nunca les acalla la sensatez salvo cuando ésta se manifiesta como renuncia a ejercer el talento propio. Para ello debería haberme retractado, declarar que Pascal siempre tiene razón, que todos los curas son buenos y desinteresados, que los frailes no se entregan a la intriga ni son malolientes, que la Santa Inquisición es el triunfo mayor de la humanidad y la tolerancia... Me pareció un precio demasiado alto para recuperar la tranquilidad: decidí buscarme alguna forma de protección que me amordazase menos. Entonces encontré a la marquesa de Châtelet.

Su esposo, como casi siempre, libraba batallas por algún rincón de Europa y nosotros dos nos entregamos a otras en las que también cuenta la estrategia pero que finalmente se resuelven en el cuerpo a cuerpo. Conocía mis dificultades y me habló de su castillo en Cirey, cerca de la frontera con Lorena, de donde no sería difícil huir hacia otro estado europeo si el hostigamiento llegaba hasta allí. La experiencia me ha enseñado a buscar mi madriguera cerca de las líneas fronterizas, convención idiota pero que en ocasiones puede resultar conveniente para la propia seguridad. Ahora en Ferney tengo un pie en Francia y otro en Suiza: mi único temor es que llegue un día en el que vengan a por mí juntamente los fanáticos de ambos países... Por su parte Emilia también sufría constantes problemas a causa de su desordenada afición al juego. Nunca tenía un real y la pensión de cada mes solía estar ya comprometida quince días antes de cobrarla. Pagué muchas de sus deudas, advirtiéndole de que no contrajera otras nuevas. Pero era tan incapaz de seguir mis consejos como yo los del prefecto Hérault, por lo que a ambos nos convenía abandonar las tentaciones de París sin la menor dilación.

Me adelanté unos pocos meses a su llegada y acometí la reforma del viejo castillo de Cirey, que se encontraba en un estado de abandono de lo menos confortable. Lo hice a mis expensas, porque la situación económica de los Châtelet no era demasiado boyante. Añadí un ala nueva al edificio, edifiqué una preciosa galería, creé un muy completo laboratorio de física, amplié notablemente la biblioteca, añadí unos jardines bastante agradables. Siempre he tenido disposición para la arquitectura, de modo que yo mismo diseñé todas las reformas y dirigí las obras. Mi mansión de Ferney también es invención mía en todas sus dependencias, por lo que sostengo que hubiera podido ganarme la vida decorosamente con el arte de Vitrubio si hubiese sido necesario. Un oficio más plácido sin duda que el que he desempeñado... Cirey mejoró mucho: Emilia tenía sus propias habitaciones y yo las mías, para que cada uno pudiera dedicarse a sus trabajos hasta las horas compartidas en sociedad. Incluso el marqués estaba contento, porque el embellecimiento de su propiedad le había resultado gratis, aunque yo me las arreglé para que a todos pareciese que lo hacía por encargo suyo. Pasó de vez en cuando temporadas con nosotros, dándonos cierta respetabilidad frente a los maledicentes. Debo decir que en tales ocasiones tuve con él menos disputas que con mi divina Emilia.

¿Cómo distribuíamos el tiempo durante nuestras jornadas en Cirey? A lo largo de la mayor parte del día, hasta la hora de la cena, la marquesa trabajaba en sus aposentos y yo en los míos. A veces emprendíamos alguna tarea en común, como un *Examen crítico de la Biblia* que nos ocupó entusiásticamente durante muchos meses. Como documentación empleamos una obra monumental en veinticuatro volúmenes, el *Comentario literal sobre el Antiguo y el Nuevo Testamento* del sabio dom Calmet. Yo había visitado en la abadía de Senones a este benedictino de erudición inmensa, que pese a su acendrada piedad examinó con desconfianza racional los sucedidos inverosímiles del libro sagrado, tratando de justificar cuerdamente algunos evidentes absurdos y rechazando de plano otros. Dom Agustín Calmet vivía rodeado de los cien mil volúmenes de su abadía y creo que se los había leído todos. Combinaba la acumulación de conocimientos dispares, el escepticismo y la credulidad a partes iguales: había compuesto una historia de los vampiros, cadáveres que salen según él por la noche de sus tumbas para chupar la sangre de los vivos, y publicó su libro con la aprobación científica de la Sorbona. También estaba escribiendo una *Historia genealógica de la casa de Châtelet* y sin duda su detenido examen crítico de la Biblia sigue siendo el mejor del siglo. Por lo demás, un auténtico santo, hospitalario y despistado. En una de nuestras charlas en Senones le mencioné a la señora de

Pompadour y me preguntó que quién era. Rechazó un obispado y escribió su propio epitafio, perfectamente apropiado: «*Hic jacet qui multum lexit, scripsit, oravit; utinam bene! Amen.*»

Apoyada en los comentarios de dom Calmet, Emilia llegó a la conclusión de que la Biblia es una obra inverosímil, incoherente, inmoral, a menudo cruel, un libro que no puede ser considerado «sagrado» más que por un pueblo atrasado y fanático como el judío. Es de suponer que si Dios quisiera pintarse a sí mismo de forma sensible, capricho algo peregrino, lo haría al menos atribuyéndose aquellas cualidades que hacen respetar a los hombres pero no las que los vuelven odiosos o despreciables. Sin embargo resulta evidente que el supuesto autorretrato divino que aparece en las sagradas escrituras es todo menos favorecedor. Si Dios nos ha creado a su imagen y semejanza, bien le hemos pagado con la misma moneda...

La señora de Châtelet tenía especial afición, como ya he dicho, a las matemáticas, a la química y a la física. Incluso quizá demasiada afición, pues minusvaloraba como simples entretenimientos mis producciones literarias y no perdía ocasión de encaminarme hacia trabajos científicos. Sin duda ese campo riguroso me interesa mucho, pero no me importa reconocer que estoy mediocremente dotado para llevar a cabo en él logros destacados. No carezco de espíritu geométrico, pero mi cabeza no está hecha para las matemáticas, ni mucho menos para las elucubraciones metafísicas. Me parezco a los arroyos límpidos de las altas montañas, que son claros porque no tienen demasiada profundidad. Sin embargo, alguna aportación pude hacer al crecimiento intelectual de mi inolvidable amiga. Cuando nos conocimos, Emilia seguía con docilidad el pensamiento de Leibniz, todavía demasiado teñido de tinieblas germánicas para mi gusto. Logré que se volcara cada vez más hacia el de Newton, a quien terminó por considerar el verdadero puntal científico de nuestra época. Es asombroso cómo llegó a penetrar en las complejidades de esa obra excepcional, de la que muchos hablan pero que muy pocos entienden. Cuando nos visitó en Cirey el caballero Algarotti, autor de un amable tratadito en el que pretendía explicar las razones de Newton a las señoras (lo tituló *Neutonianismo per le dame*), encontró que al menos una dama se sabía al gran sabio inglés mucho mejor que él mismo. Algarotti era un veneciano muy amable, de buen porte y consciente de tal ventaja, hijo de un comerciante muy rico; viajaba por Europa, dando lecciones y realizando conquistas de ambos sexos, sabía un poco de todo y a todo le daba su pizca de gracia.

En uno de nuestros estudios conjuntos, Emilia y yo comparamos las ideas sobre óptica de Newton con los disparates metafísicos de nuestro compatriota Descartes, a quien ahora tenían por blasfemo criticar los sucesores universitarios de aquellos que años atrás consideraban blasfemo defenderle. Según Descartes, la luz es un polvo fino y muy sutil esparcido por doquiera y los colores son sensaciones que Dios se encarga de provocar en nosotros según los movimientos que produce ese polvillo en nuestros órganos. Si tal teoría fuese cierta, debería poder verse con claridad también durante la noche y no habría forma de mantener oscura una habitación, pues el polvo luminoso se colaría por el agujero de la cerradura y la encendería toda entera. Newton, en cambio, explica convincentemente cómo la luz nos llega lanzada por el sol en sólo seis o siete minutos, según una trayectoria en línea recta; tal propagación desmiente la existencia de los torbellinos cartesianos que se moverían siguiendo líneas curvas. Además Newton demuestra cómo puede descomponerse la luz en todos los colores posibles por medio del prisma, según un sencillo y precioso experimento que Emilia y yo repetimos varias veces en nuestro laboratorio. Así tuvimos el privilegio divino de sentirnos casi dueños del arco iris.

Diversos sabios ilustres vinieron a filosofar con nosotros en nuestro retiro. Durante dos años enteros tuvimos como huésped al célebre Koenig, que habría de morir siendo profesor en La Haya y bibliotecario de la princesa de Orange. También vino Clairault, Jean Bernouilli y Maupertuis, recién llegado éste de su expedición hacia el frígido norte para probar con sus mediciones el achatamiento de nuestro planeta en los polos. Además de la chatura de los polos y las redondeces de las señoras, la otra gran pasión de Maupertuis era la envidia y yo mismo tuve ocasión más adelante de padecer por causa de ella. La marquesa y yo solíamos comentar nuestros trabajos pero a veces cada cual mantenía reserva sobre lo que estaba estudiando, lo cual dio lugar a un curioso incidente. La Academia de Ciencias había convocado un premio para distinguir el mejor discurso sobre la naturaleza del fuego y tanto Emilia como yo decidimos participar, pero sin informarnos mutuamente de ese propósito. Nuestras contribuciones llegaron casi a la par al jurado, pues la de ella recibió el número seis y la mía el siete. Al compararlas después, entre comentarios risueños, descubrimos que la suya era más metafísica mientras que la mía se atenía más a la comprobación empírica. En cualquier caso, empatamos en la derrota y el premio se lo llevó un trabajo firmado por un sabio suizo llamado Leonard Euler. Por cierto que este concurso sosegó grandemente mis aficiones científicas, porque sometí mi discurso al examen de Koenig y él me confirmó lo que ya sospechaba: que demostraba ingenio y estudio en mis razonamientos, pero que en física no podía aspirar a ser más que un segundón aplicado. Esta apreciación tan realista como poco estimulante me devolvió a mis obras de historia y también a la poesía.

No vayáis, señora, a suponer que las investigaciones científicas ocupaban por entero nuestras jornadas de Cirey. Concluida la tarea del día en ese campo, cenábamos acompañados de buena sociedad en la galería de física, rodeados por esferas terráqueas y doctos instrumentos. Para que los criados no estorbasen, nosotros mismos nos servíamos y atendíamos a los invitados. Se disponían dos mesas auxiliares, una para las fuentes de comida y otra para los platos sucios. El vino y los manjares eran excelentes, aunque nada rebuscados. Entonces se hablaba de ciencia, pero también de arte, de poesía y de política. La cena se prolongaba gratamente durante largo tiempo. Luego yo hacía funcionar la linterna mágica, entretenimiento en el que soy bastante hábil y que provocaba abundantes risas. Aparecían la sombra de los jansenistas, algún jesuita especialmente pernicioso y el señor Rousseau. Después acometíamos una función de títeres, expresamente escrita por mí para la ocasión, o repartíamos los papeles y ensayábamos una pieza teatral, comedia o tragedia, de la que seríamos a la vez actores y público. Ensayábamos, nos disfrazábamos, cambiábamos cien veces de vestuario y de peinado. Una tarde representamos más de treinta actos, unos bien y otros regular. Me diréis: Newton nunca hizo teatro. Y yo os respondo que le hubiera admirado aún más de haberle sabido capaz de escribir sainetes. Hay que dar al alma todas las formas posibles; es un fuego sagrado que Dios nos ha confiado y que debemos alimentar con lo más precioso que podamos encontrar. Es necesario hacer entrar en nuestro ser todas las formas imaginables, abrir las puertas del alma a todas las ciencias, a todas las artes y a todos los sentimientos. Con tal de que no penetren desordenadamente, hay sitio para todo. Yo amo a las nueve musas y pretendo tener suerte con todas, aunque procuro no coquetear demasiado. El tiempo, ay, siempre me parecerá demasiado breve.

Nuestra retirada a Cirey nos evitaba problemas con las autoridades peligrosamente celosas pero no acallaba a mis enemigos, cuyas lenguas y cuyas plumas seguían destilando veneno contra mí a más y mejor. Los peores, como casi siempre, resultaban ser los que me debían algún favor. Por ejemplo el abate Pierre Desfontaines, que tiempo atrás me había escrito una carta angustiosa en petición de ayuda. El abate tenía una indebida afición a los muchachitos y solía satisfacerla con los pequeños deshollinadores saboyardos que abundan en París, a los que atraía a su casa con el pretexto de limpiar la chimenea pese a que en realidad no era tal conducto el que más le preocupaba ver obstruido. Este vicio no despierta mi entusiasmo aunque a título científico lo he practicado en alguna ocasión. Pero hacerlo una vez es ser filósofo; muchas, bujarrón. A consecuencia de la denuncia de uno de los deshollinadores deshollinados, Desfontaines se vio encerrado en Bicêtre y amenazado por un trágico destino, ya que el castigo por la sodomía es la hoguera. Se trata de una ley bárbara y desproporcionada. Si se aplicase con rigor alcanzaría a las más altas esferas, pues el propio rey Luis XV —a los dieciséis años— fue el Ganímedes de su paje La Trémouille. Cuando recibí la misiva del abate encarcelado pidiendo socorro me hallaba gravemente enfermo, como casi siempre. Todos sus amigos mínimamente influyentes se negaban a ayudarle, de modo que abandoné el lecho y viajé como pude hasta Fontainebleau para conseguir que la señora de Prie y el cardenal Fleury aseguraran el perdón del desdichado. En cuanto se vio fuera de la cárcel, me juró odio eterno. Escribió un panfleto atroz titulado *Volteromanía* en el que atacaba todas mis obras y me denunciaba de mil modos a las autoridades por impiedad, obscenidad, rebeldía, etc... Contesté con otro semejante, el *Preservativo contra Desfontaines*, donde le recordaba el tipo de favor que le había hecho y el delito que lo había requerido. Seguimos la pugna con la mayor ferocidad y mucho regocijo por parte de numerosos enemigos mutuos, hasta acabar en los tribunales. Más adelante Desfontaines comenzó a dirigir una publicación periódica, *Observaciones sobre los escritos modernos*, que mantuvo durante años para atacar todas las ideas filosóficas. Se convirtió en acérrimo defensor de las más rancias virtudes, especialmente de la castidad, y denunció cualquier señal de relajación moral o de heterodoxia en la literatura moderna. Mis obras, tanto reales como atribuidas, fueron siempre las principales incriminadas por este vengador ofendido por mi generosidad. A su muerte prosiguió esta noble tarea su discípulo Elías Fréron, acompañado de una aguerrida tribu formada por Piron, Palissot, Le Franc de Pompignan y otros aún menos distinguidos. Nunca dejaron de hostigarme de todas las maneras imaginables y hasta ayer mismo me he visto obligado a alancearlos sin tregua, como don Quijote al rebaño de borregos.

¿Por qué he suscitado siempre tales odios? Sin duda porque escribo de manera clara: si mi estilo fuese tenebroso como el de cualquier escolástico me perdonarían que contrariase las fábulas incompetentes en las que tantos creen. Y también porque avanzo por el camino de la verdad soltando risotadas. Siempre he rogado a Dios que hiciese bien ridículas las ideas de mis adversarios; cuando no parecieron serlo lo suficiente, me he encargado personalmente de completar su obra. Los fanáticos quieren que se les tema y aceptan que se les odie, pero no se resignan a que se haga reír a su costa. Son incompatibles con el humor y he sido yo el encargado de demostrárselo: ellos detestan más al que les burla en un chiste que todo el mundo repite sonriendo que a quien les refuta en veinte volúmenes. Además algo en mi tono habitual, escriba en serio o en broma, verso o prosa, parece exhalar cierto aroma de *felicidad*, inaguantable para el olfato de los pedantes y de los mártires. ¿Es que acaso soy feliz? ¡Chis! A vos os lo diré, condesa: decididamente y pese a todo, sí. Pero que nadie salvo vos me oiga porque no quiero hacer rabiar aún más a los borregos ni trastornar a los desdichados...

Algunos amigos me reprochan haber hecho demasiado caso de los aguijonazos que he recibido y responder siempre a los ataques con vehemencia algo superflua. Es cierto: cuando miro hacia atrás, me parece haberme pasado toda la vida en trifulcas y casi nunca con adversarios de mérito. Varias disculpas se me ocurren, aunque no niego un poco de vergüenza ante el reproche. En ocasiones el mentís ante mis censores o el contraataque resultaba obligado pues sus acusaciones eran tan graves y malintencionadas que podía resultarme peligroso guardar silencio. Otras veces me defendí para proteger a la gran familia de los filósofos, pues se me atacaba a mí para insultarlos y comprometerlos a todos. Yo no pretendo decir que no haya buenas razones para criticarme; lo que afirmo es que hay buenas razones para criticar muchas cosas y a muchos: empezar por mí con especial énfasis no me parece buen *síntoma*. La tarea que entre todos hemos emprendido para acabar con la superstición y promulgar la tolerancia merece en todo momento la pluma de un paladín, aunque sea tan achacoso, señora, como el que ahora os testimonia afecto. En último término, lo admito, mucha culpa la tendrá mi temperamento, que odia la guerra y sin embargo es de lo más belicoso. No soy militar pero soy militante. Ahora bien, no existe quien pueda decir que yo haya sido el primero en perseguir a nadie ni se me conoce un rencor que haya durado más allá de una súplica de perdón. Os confío una anécdota, para la que tengo testigos si mi palabra no os basta. Hace poco llegó a Ferney una página escrita contra mí en el peor y más ofensivo de los tonos por un miserable demasiado conocido, aunque amparado bajo seudónimo. La leí, blasfemé, pataleé, juré mil venganzas, pedí recado de escribir para responder en el acto. Entonces el amigo que me trajo el libelo me preguntó, tranquilamente: «Si XX, el autor de esa infamia, apareciese esta noche a la puerta de Ferney; si os dijese que le persiguen, que su vida está amenazada, que mañana mismo podría estar sufriendo tortura a manos del verdugo... ¿qué haríais, señor?» Y yo contesté, rechinando los dientes: «Le tomaría de la mano, le llevaría a mi cuarto, le mostraría mi lecho, que es el mejor de esta casa, y le diría que se quedara en Ferney cuanto quisiera y que, si podía, fuese feliz.» Me enorgullece que nada en mi pasado ni en mi presente pueda hacer dudar de la sinceridad de tal respuesta.

Aunque nuestra existencia en Cirey tenía mucho de placentero, la señora de Châtelet echaba de menos los fulgores bulliciosos de París. A ella nadie la perseguía ni había razón para que viviese retirada del mundo: el exilio le pesaba más que a mí. Concibió la idea de introducirme poco a poco en la corte para que ni enemigos ni denuncias prevaleciesen contra mi sosiego. Vio una buena oportunidad en la boda del Delfín con la infanta de España, para cuya celebración fastuosa consiguió que me encargasen componer una pieza conmemorativa. En aquella fiesta nos encontramos, señora, tal como me habéis recordado, por primera y mucho temo que última vez: puedo aseguraros que es lo único verdaderamente grato que me ocurrió esos días. Durante meses trabajé en *La princesa de Navarra*, cada vez con menor entusiasmo y finalmente con cierta repugnancia. Me obsesionaba el recuerdo de que los mayores poetas dramáticos, como Racine, habían fracasado al trabajar de encargo. No es lo mismo componer durante una cena un epigrama a los bellos ojos de la dama que preside la mesa que escribir varios actos de circunstancias en los que debemos halagar la vanidad de dos reinos, intercalando fuegos artificiales y apoteosis con orquesta, a fin de satisfacer a miles de invitados que asisten para verse unos a otros y sin el menor interés por la representación. *La princesa de Navarra* no fue precisamente un éxito. Gustó la música de Rameau, pero mis versos apenas podían oírse en el enorme jardín de Versalles; los que se oyeron no fueron comprendidos o sonaron a impertinencias. Los orgullosos dignatarios españoles sacaron la impresión de que la gloria de su reino, de la que son tan celosos abogados en el extranjero, quedaba minimizada por comparación con la de Francia. Temo que la corte de Luis XV, en cambio, no apreció tanto mi parcialidad. Mis enemigos se esforzaron al máximo en su labor de zapa y finalmente concluí la jornada agotado, nervioso, descontento, con mucha pena y escasa gloria.

Cualquiera hubiese quedado desanimado ante logro tan mediocre, pero Emilia perseveró en su intento como si nada hubiese pasado. Minimizó mi desazón, convenció a mis mejores amigos para que no la aumentaran con sus justificadas críticas, procuró hurtar a mi vista las malicias impresas por mis enemigos y se dedicó a convencerme de que todo había funcionado estupendamente. Mitad por complacerla y mitad por orgullo continué mis obligaciones de poeta cortesano. Obtuve mejor fortuna con una *Oda a la batalla de Fontenoy* en la que se cantaba elocuentemente esa gran victoria de nuestras tropas y que agradó mucho al rey. Yo no las tenía todas conmigo porque me resultaba difícil creer que unas estrofas marciales, por hábiles que fuesen, podían hacerme amable ante gentes que en el fondo me detestaban. Dos cosas envidio a nuestros hermanos los animales: su desconocimiento de los males futuros y su ignorancia de lo que de ellos se dice. A este respecto, nadie menos animal que yo. Pronto tuve ocasión de confirmar mis recelos. Escribí el libreto de *El templo de la gloria*, una ópera de circunstancias en mi siempre chirriante colaboración con Rameau. En ella aparecía el propio Luis XV, en figura del emperador Trajano, regresando victorioso a Roma tras sus batallas. La noche del estreno me acerqué indiscretamente al rey y le murmuré: «¿Está contento Trajano?» El monarca era tímido y detestaba las familiaridades: me miró fríamente y no repuso ni una palabra. Consideré evidente que la vocación de adulador se adecuaba mal a mis recursos.

La marquesa de Châtelet, infatigable, se propuso entonces que me eligieran miembro de la Academia francesa. Quiso empezar por hacerme inmortal para convertirme después en invulnerable. Estaba vacante el puesto del recién fallecido cardenal Fleury y decidió que había de ser para mí. Movilizó en mi favor a la duquesa de Châteauroux, que por entonces era amante del rey, y éste pareció acceder a la demanda. Pero el secretario de Estado, el conde de Maurepas, se opuso con todas sus fuerzas a mi nombramiento, secundado por el piadoso obispo de Mirepoix, uno de los mayores imbéciles de Francia por aquellas fechas, que consideraba que mi profano culo mancillaría el sillón dejado libre por el santo trasero del cardenal. También otra mujer distinguida, la señora de Tencin (madre dimisionaria del gran filósofo D'Alambert, al que había abandonado recién nacido en la escalinata de la iglesia de Saint-Jean-le-Rond) se me oponía con ahínco, menos por animadversión hacia mí que por simpatía para con mi rival ante la vacante, el dramaturgo Marivaux. Cierta tarde coincidí en una cena con el conde de Maurepas y le pregunté, con aterciopelada ironía, si era cierto que hacía todo lo posible por descartar mi candidatura a la Academia, dignidad al fin y al cabo bastante menor. Me dijo con un encono inolvidable: «Sí, es cierto, y espero *aplastaros*.» Lo logró, claro. Marivaux fue elegido académico y yo tuve que esperar aún bastantes años para lograr un puesto al que concedía menos importancia que quienes deseaban a toda costa privarme de él.

Finalmente cometí la indiscreción definitiva que puso fin a mi carrera de cortesano. La culpa —al menos indirectamente— la tuvo la propia Emilia, que había recaído en el frenesí del juego en cuanto volvió a pisar los salones de París. Yo la acompañaba en sus interminables partidas, sin tocar los naipes y pensando con fastidio que en todo ese tiempo desperdiciado podría ya haber escrito los tres primeros actos de una nueva tragedia. Una tarde jugaban en Fontainebleau y en la mesa estaban las principales figuras del séquito privado de la reina. No había más que duquesas y príncipes, entreverados de alguna marquesa privilegiada como la mía. Emilia estaba realmente inspirada y se las arregló para perder ochenta y cuatro mil francos. Sentado junto a ella le previne en inglés: «Querida amiga, más vale que nos vayamos cuanto antes. Estás jugando con auténticos truhanes.» Los carraspeos y murmullos que siguieron a mis palabras, pronunciadas a media voz, nos advirtieron de que muchos de los presentes sabían el suficiente inglés como para darse por muy ofendidos. Reconozco que sentí pánico, porque una cosa es que no me dejaran entrar en la Academia y otra mucho peor que me obligaran a entrar en la Bastilla. Huimos de París esa misma noche, sin esperar a medir cabalmente el alcance de la indignación producida por mi exabrupto. Me fui convencido de que no he nacido para calentarme junto al sol de los monarcas sino para perecer abrasado por sus rayos si me acerco demasiado: no detesto a la realeza y de vez en cuando me llevo bien con alguna de las personas que mejor la encarnan, pero siempre a prudente distancia. Puedo ser un hábil cortesano aunque sólo por correspondencia... Poco después olvidé esta lección y creí haber encontrado en Prusia un rey en cuyo regazo podía reclinar mi cabeza sin peligro: estuve a punto de perderla.

Durante varias semanas nos refugiamos en el castillo de Sceaux, donde mantenía su corte —mejor dicho su anticorte, pues en todo se oponía a la de Versalles— la intrigante, estrafalaria y genial duquesa de Maine. Minúscula de estatura pero indomable de carácter, nunca dejó de reivindicar el derecho de su esposo a ocupar el trono de Francia en lugar de Luis XV. Años más tarde sus conspiraciones dieron con ella en la Bastilla por lo que la mutua simpatía que sentíamos el uno por el otro resultó profética. Como siempre suelo hacer me dediqué a animar un poco la vida de Sceaux, que giraba de modo demasiado previsible en torno a naipes, cotilleos amorosos y comilonas indigestas. Organicé sesiones de teatro, manejé la linterna mágica, recité poemas, leí fragmentos de obras mías aún inéditas y que debían permanecer así por prudencia; también ayudé a la señora de Châtelet en sus experimentos de física, muy sencillos por carecer de los instrumentos que teníamos en Cirey, y colaboré como segunda voz en las charlas sobre newtonianismo para principiantes con que ella entretuvo a los miembros más despiertos de nuestra selecta comunidad. Creo que todos lamentaron nuestra partida, salvo una tal señora Staal-Delaunay, antipática mucama ascendida a baronesa por generosidad de la duquesa de Maine y que había concebido una notable ojeriza contra Emilia.

Por entonces, los vínculos que nos unían ya no eran eróticos, sino amistosos y en cierto modo discretamente conyugales. Existía entre nosotros la más tierna de las complicidades y éramos como los dos únicos miembros de una academia muy ilustrada y nada convencional, erguida frente al mundo con mutuo esfuerzo. Pero el ímpetu amoroso había desfallecido, sin duda por mi culpa. Atribuí mi deficiencia carnal frente a Emilia a mi salud y a mi edad, que entonces ya me parecía avanzada. Pero lo cierto es que no padecía tales desfallecimientos en mis escarceos con la voluptuosa señorita Gaussin, la perfecta Zaïre, ni más adelante con quien menos debiera haberme atraído según la norma social: la señora Denis, hija de mi querida hermana fallecida, cuya alegre sensualidad regordeta consiguió efectos tan estimulantes como incestuosos en mi deteriorado organismo. Con Emilia, en cambio, ese vínculo esencial estaba ya claramente roto. Ella misma lo asume con hermosa franqueza en una página del *Discurso sobre la felicidad*: «He sido feliz durante diez años por el amor de aquel que había subyugado mi alma y esos diez años los he pasado cara a cara con él sin ningún momento de fastidio ni de languidez. Cuando la edad, las enfermedades, quizá también un poco la facilidad del goce disminuyeron su gusto por mí, tardé en darme cuenta: yo amaba por los dos. Pasaba mi vida entera junto a él y mi corazón, carente de sospechas, gozaba del placer de amar y de la ilusión de creerme amada. Es verdad que he perdido ese estado tan feliz y no sin que me haya costado muchas lágrimas. Se precisan sacudidas terribles para romper semejantes cadenas: la llaga de mi corazón ha sangrado durante mucho tiempo; he tenido motivos para quejarme y lo he perdonado todo.» Comprenderéis, amiga mía, la emoción que siento al copiar para vos estas líneas nobles y sinceras. Seguíamos juntos, empero: en cierto modo, nunca hemos dejado de estarlo.

Quizá la primera gran alteración de este equilibrio, que parecía destinado a prolongarse sin rupturas, llegó desde Prusia. Recibí una carta deliciosa, en un francés aún balbuceante, del joven príncipe Federico. En ella me revelaba su devoción por mi obra y por mi persona. Más tarde, ya coronado rey, me invitó a reunirme con él por una temporada. Estuve ausente no menos de cinco largos meses y Emilia soportó peor que descuidara su compañía por la de un monarca del que desconfiaba que si me hubiese ido con cualquier mujer. Quizá más adelante os cuente hasta qué punto teníamos razón ambos: yo al interesarme por el desconcertante rey filósofo y ella al presentir que era mayor su amor al poder que su amor a la filosofía... y a mí. Entonces el destino nos propuso otra tentación, que resultó definitiva y trágica.

Próximo a Cirey, en Lunéville, tenía su capital de un reino tan honorario como inexistente Estanislao Leckzinsky, padre de nuestra reina María. ¿Recordáis? Aquella que solía llamarme «mi pobre Voltaire»... Pues fue junto a su padre donde el azar que juega con nosotros y nuestros sentimientos me hizo en verdad desdichadamente miserable. Fijaos, señora, en el fatal encadenamiento de las causas y sus efectos. La querida del rey Estanislao era la señora de Boufflers, atractiva, simpática y dotada de un humor malicioso pero irresistible que sabía expresar de palabra y por escrito, en verso y en prosa. Como su temperamento era algo más que fogoso, por decirlo cortésmente, concedía sus favores a un círculo sorprendentemente amplio de admiradores. Entre ellos, uno de los más asiduos era el canciller de Estanislao, el marqués de La Galaizière. El rey había cumplido ya los setenta años y era muy obeso, por lo que no protestaba de compartir el servicio viril a su exigente amiga con suplentes más jóvenes. Cuentan que una noche, después de la cena, requebraba con entusiasmo a la señora de Boufflers mientras le prodigaba caricias más paternales que lascivas. La dama estaba bastante ebria y muy enardecida por el manoseo, de modo que se impacientó con el aplazamiento del desenlace: «¿Esto va a ser todo, señor?» Estanislao se incorporó con un resoplido asmático y se despidió así: «El resto, señora, os lo contará mi canciller.» Por cierto que esta anécdota de su suegro era la preferida del buen rey Luis XV.

Pues bien, resulta que el confesor del rey —un jesuita especialmente detestable llamado Menou— odiaba a la desenvuelta y nada piadosa señora de Boufflers. Le reprochaba todo aquello que tan amable la hacía a ojos de los demás. Como buen polaco, Estanislao era devoto hasta la superstición y según sus fuerzas declinaban prestaba más y más oídos al jesuita en sus diatribas contra la querida. El reverendo padre concibió el plan de alejar a la señora de Boufflers de Lunéville, sustituyéndola a la vera del rey por otra dama más dócil y menos impúdica. La elegida fue la señora de Châtelet, pues se rumoreaba con insistencia que sus relaciones conmigo no pasaban ya de platónicas. De modo que fuimos invitados a pasar una temporada en Lunéville, donde la gente mataba el tiempo jugando a las cartas, cambiando subrepticiamente de pareja en los dormitorios y atiborrándose de comida, como en Sceaux y como en todas partes donde hay más ricos que sabios. La marquesa de Châtelet y yo cambiamos el orden del día, introduciendo teatro, conciertos, poesía, ciencia y todo aquello que aleja la vida de los humanos de la estúpida rutina animal. El resultado de todo ello nada tuvo que ver con los pérfidos planes del jesuita. La señora de Boufflers concibió un gran aprecio por Emilia y en vez de hacerse rivales se convirtieron en aliadas. El rey Estanislao, animado por los encantos de la buena compañía, descuidó sus rezos y recobró el debido interés por su querida. De modo que todos ganaron menos yo, que lo perdí todo. Porque Emilia, mi Emilia, conoció en la corte a un militar muy apuesto y se enamoró furiosamente de él.

El señor de Saint-Lambert era un hombre joven —sin duda bastante más que la señora de Châtelet, que ya había cumplido los cuarenta—, hermoso, ingenioso y sensato hasta la frialdad. Era capitán del regimiento del príncipe de Beauvau, disfrutando de la fama de componer versos y hacer el amor con igual competencia. Pero creo que esta segunda faceta de sus habilidades le interesó a Emilia más que la primera. Una tarde, tras haber trabajado varias horas en mi historia del reinado de Luis XIV, entré en la habitación de la marquesa sin avisar y me los encontré a ambos en un sofá, dedicados a algo que no eran versos ni filosofía. Perdí la cabeza y las buenas maneras, les insulté a gritos, juré con truculencia ridícula la más atroz venganza contra ambos. Saint-Lambert no perdió la serenidad y se puso a mi disposición para dirimir el asunto en un duelo a espada, aunque comentando que le sería muy penoso matar a alguien a quien tanto admiraba desde su adolescencia. La verdad es que el muchacho era bastante agradable, pese a que su destino le llevaba a interferir en los amores de nosotros los filósofos. Una de las pocas cosas que tengo en común con el loco de Juan Jacobo Rousseau es que también a él ese dichoso Saint-Lambert le privó de los favores de la señora de Houdetot, de la que tan encaprichado estaba. En fin, batirme en duelo con un joven y aguerrido capitán es una forma de suicidio que ni Séneca ni Catón me habrían recomendado. De modo que salí de la habitación dando un portazo y dispuesto a abandonar Lunéville para siempre jamás.

Emilia vino a verme a mi cuarto y me habló en tono a la par cariñoso y razonable. «Os quiero como siempre —me dijo— pero desde hace ya tiempo os quejáis de que las fuerzas os faltan y que no tenéis la suficiente salud para satisfacer sin peligro mi temperamento amoroso. No puedo consentir que enferméis y estoy segura de que vos tampoco deseáis verme decaída. ¿Qué de malo tiene que sea un amigo quien os sustituya en mi lecho, si nadie podrá sustituiros nunca en mi estima?» Sus palabras me hicieron suspirar y sonreír. «Tenéis razón, amiga mía, como siempre. Perdonad mis anatemas de hace un momento. Ya estoy apaciguado. Pero si las cosas tienen que ser como vos decís y yo acepto, procurad al menos que no pasen ante mis ojos.» Y así proseguimos nuestra relación, con cierta resignación amarga por mi parte pues me daba cuenta de que no era simple atracción física lo que Emilia sentía por Saint-Lambert. Estaba enamorada furiosamente de él, mucho más sin duda que él de ella: de nuevo mi pobre Emilia amaba por los dos...

Despechado como nunca lo había estado antes, me refugié entonces en la escritura de un cuento oriental, que quizá no sea de lo peor que he compuesto. Me gustaba leer las historias de *Las mil y una noches* en la preciosa versión que de ella nos dio Antonio Galland. A ese ambiente exótico llevé mi desencanto. Conté las aventuras y desventuras de Zadig, un amable filósofo que además tenía la inmensa suerte de ser aún joven y apuesto. Y hablé de las envidias de la corte, de la ingratitud de los reyes y de los súbditos, de la obcecación y de la hipocresía de los clérigos, de la infidelidad casi automática de las mujeres, de la brutalidad rapaz de los guerreros, de lo inescrutable y finalmente irónico de nuestro destino. Me burlé de Versalles y de mi amada, pero me burlé sobre todo de mí mismo. Mientras escribía ese cuentecillo supuestamente oriental me sentí aliviado y más libre que nunca.

Pero nuestro enredo tenía aún que pasar de la comedia a la farsa y de ahí a la tragedia. Emilia me confesó con preocupación que estaba embarazada. Había tenido un hijo catorce años antes y desde luego no esperaba otro: a su edad podía ser muy peligroso. Pero quería afrontar la situación del modo más conveniente. El marqués de Châtelet fue convocado a Cirey y recibido con las más insólitas muestras de afecto por todos nosotros. Durante varias cenas le rogamos que nos contara sus gloriosas campañas, mientras le servíamos de beber y coreábamos elogios a su valor. Los escotes de la marquesa eran tan pronunciados que casi nos hacían enrojecer. Concluía las veladas en el dormitorio conyugal, del que ya apenas recordaba ni siquiera la decoración. Finalmente se le comunicó la buena nueva de que esperaba otro retoño y se sintió lleno de orgullo senil. Dentro de lo que podía esperarse, todo parecía marchar muy bien. A su debido tiempo, los dolores del parto alcanzaron a Emilia mientras trabajaba en su gabinete en un arduo problema de geometría. Dio a luz una niña con tanta facilidad como si hubiese tenido veinte años menos, pero dos días después se vio aquejada de una fiebre altísima, perdió la conciencia y murió en pocas horas. En torno a su lecho llorábamos Saint-Lambert, el marqués y yo, pues los tres la habíamos amado. Fuera la nieve del invierno caía sobre Cirey. Sin saber lo que hacía, salí del castillo, a ese jardín que había dispuesto hace tantos años para agradarle y resbalé en el hielo, cayendo de bruces. Me levantó el desolado Saint-Lambert y yo no hacía más que repetir sollozando, mientras me apoyaba en su brazo: «¡Me la habéis matado, amigo mío! ¡Vos me la habéis matado, grandísimo bruto!»

Creí que no sobreviviría al dolor y he sobrevivido cuarenta años. Olvidarla, empero, nunca la he olvidado. De tantos recuerdos como tengo de nuestra vida en común, mi preferido es el de un viaje que hicimos en coche. Volvíamos a Cirey pero aún nos faltaban dos o tres jornadas para llegar. También era invierno y la carretera estaba nevada, casi impracticable. Al vehículo se le rompió el eje de las ruedas delanteras y volcamos aparatosamente. Salimos por una de las ventanillas, magullados y ateridos. Hacía un frío terrible. Los palafreneros tenían que ir a buscar ayuda al pueblo más cercano, que distaba media legua, lo cual podía llevar varias horas. Sentados en el talud, arrebujados entre cobertores de pieles, compartimos un manguito y nuestras manos heladas se encontraron dentro de la suave calidez. La noche invernal era clarísima: el cielo mostraba, con la nitidez artificial de una esfera armilar, todas sus remotas formas. Eran los astros de Newton, las estrellas y planetas cuyos elípticos trayectos la ciencia moderna ha sabido determinar. Los fuimos identificando uno tras otro y por un momento nuestras manos abandonaban el refugio del manguito para señalar el cuerpo celeste cuyo nombre pronunciábamos. Luego se reunían de nuevo para darse mutuo calor, mientras hablábamos de la gravitación cósmica. Estábamos solos en la noche frente al universo inmenso y silencioso. Así nos recuerdo; así quiero, señora, que penséis en nosotros.

VOLTAIRE

Madrid, agosto de 177...

Amigo mío, las páginas que me habéis enviado y que acabo de leer —aún guardo húmedos los ojos— me han emocionado tanto como cualquiera de vuestras tragedias y me han entretenido no menos que uno de vuestros cuentos filosóficos. Pero la referencia a los relatos orientales que hacéis en su última parte me ha recordado uno de mis deberes maternos que estoy deseosa por cumplir. Me encargo personalmente de que mi hijo Francisco no descuide la lectura en francés de obras literarias de calidad y cuyo disfrute comprensivo esté al alcance de sus años. Creo hablar sin pasión de madre —aunque no niego que la siento— cuando digo que es un muchacho intelectualmente muy despierto. Hemos leído juntos más de una vez los relatos de *Las mil y una noches* traducidos por Galland y me asombra lo atinado y a veces pícaro de sus comentarios infantiles. Creo pues que ya tiene edad para dar un paso más allá y leer al más grande de sus contemporáneos.

Mi desazón estriba en que no sé cuál de vuestros cuentos poner primero en sus manos. ¿Quizá la preciosa crónica de Zadig, que es una de mis favoritas? ¿O *Micromegas*, cuyo tono fantástico sin duda atraerá su atención, tan amante de portentos como la de cualquier otro niño? La única que descarto para comenzar es *Cándido*, pues creo que hay que haber vivido al menos un poco los sinsabores del mundo para apreciarla en su alto y sutil valor. Aunque de todas formas *Cándido* es un relato sobre el que hay que volver una y otra vez. Yo lo releo anualmente o siempre que la existencia me agobia y conturba en exceso; cuando lo concluyo, respiro y pienso: «¡Bien, el camino vuelve a estar despejado!» También podría indicarle la lectura de *El ingenuo*, pues mi Paquito es como ese joven indio hurón a la vez torpe y bienintencionado que ha de afrontar la civilización con todos sus engaños tan deliciosos como crueles. En fin, nadie más indicado que vos para despejar mis dudas. ¿Por cuál de vuestros cuentos le haré comenzar? Desde luego espero que los lea y relea todos muchas veces, como yo misma hago. Pero el primero ha de tener la emoción de un descubrimiento esencial, como la noche que nos iniciamos en los secretos del amor. Aconsejadme. Sea cual fuere el que decidáis recomendarme, lo pondré en manos de Francisco con la alegría teñida levemente de envidia que se siente al proporcionar a un ser querido una nueva fuente de placer.

CAROLINA

Ferney, agosto de 177...

¡Por Dios, señora condesa! ¿Os dais cuenta del crimen que estáis cometiendo? Habéis osado corromper a vuestro tierno e inocente retoño iniciándole en el más nefando de los vicios, la *lectura*. Y ahora queréis hundirle aún más en la abominación a la que lo precipitasteis, poniendo en sus manos relatos que nada tienen de piadosos ni cantan loores a «itas», «istas», «anos», «olicos», «anes», «antes» y demás santos derviches. Sabed que una vez encenagado en la lectura, vuestro pobre hijo ya no se detendrá ante ninguna fechoría: se atreverá a pensar por sí mismo, desobedecerá a los farsantes aunque lleven un ropón hasta los pies, intentará descubrir las causas del mundo físico y social que nos rodea en lugar de repetir las jaculatorias usuales y quizá hasta llegue a convencerse de que un buen comerciante o un buen tejedor son personas más útiles a sus semejantes que un rufián de apellido ilustre o un general de caballería. De ahí a blasfemar contra la imprescindible tortura o incluso pedir la abolición del Santo Oficio no hay más que un paso. Sabéis que os aprecio, amiga mía, pero no me pidáis que sea vuestro cómplice en tales delitos. Por el contrario, os envío la transcripción de un sermón que debéis repetir en voz alta ante vuestro vástago para que se arrepienta de sus malos pasos y vuelva cual hijo pródigo a la casa de nuestro padre común, que es el fanatismo, y de nuestra madre, la ignorancia. Amén.

El horrible peligro de la lectura

Nos, Yusuf Cheribi, muftí del Santo Imperio otomano por la gracia de Dios, luz de las luces, elegido entre los elegidos, a todos los fieles aquí presentes: majadería y bendición.

Como sea que Said Effendi, actual embajador de la Sublime Puerta ante un pequeño estado llamado Franquelia, situado entre España e Italia, ha traído entre nosotros el pernicioso uso de la imprenta, y después de haber consultado acerca de esta novedad con nuestros venerables hermanos los cadíes e imames de la ciudad imperial de Estambul y sobre todo con los fakires, conocidos por su celo contra la inteligencia, ha parecido bien a Mahoma y a nos el condenar, proscribir y anatematizar la antedicha infernal invención de la imprenta, por las causas que a continuación serán enunciadas.

1. Esta facilidad de comunicar los pensamientos tiende evidentemente a disipar la ignorancia, la cual es guardiana y salvaguardia de los estados bien organizados.

2. Hay que temer que, entre los libros traídos de Occidente, se encuentren algunos sobre la agricultura y sobre los medios de perfeccionar las artes mecánicas, obras que podrían a la larga —¡Dios no lo quiera!— espabilar el ingenio de nuestros agricultores y nuestros fabricantes, excitar su industria, aumentar sus riquezas e inspirarles algún día cierta elevación de alma y cierto amor del bien público, sentimientos absolutamente opuestos a la sana doctrina.

3. Pudiera suceder finalmente que llegásemos a tener libros de historia despojados de esas fábulas que mantienen a la nación en una beata imbecilidad. Se cometería en tales libros la imprudencia de hacer justicia a las buenas y a las malas acciones, y de recomendar la equidad y el verdadero amor a la patria, lo que es manifiestamente contrario a los derechos de nuestra elevada autoridad.

4. Es muy posible que, dentro de algún tiempo, miserables filósofos —con el pretexto especioso pero punible de ilustrar a los hombres y de hacerlos mejores— viniesen a enseñarnos virtudes peligrosas de las que el pueblo nunca debe tener conocimiento.

5. Incluso podrían, aumentando el respeto que tienen por Dios e imprimiendo escandalosamente que lo llena todo con su presencia, disminuir el número de peregrinos a la Meca, con gran detrimento de la salud de las almas.

6. Sucedería también sin duda que, a fuerza de leer a los autores occidentales que han tratado las enfermedades contagiosas y la manera de prevenirlas, llegásemos a ser tan desdichados como para cuidarnos de la peste, lo que constituiría un atentado enorme contra las órdenes de la Providencia.

Atendiendo a estas y otras causas, para edificación de los fieles y en pro del bien de sus almas, les prohibimos por siempre jamás leer ningún libro, bajo pena de condenación eterna. Y, temiendo que la tentación diabólica les induzca a instruirse, prohibimos a los padres y a las madres que enseñen a leer a sus hijos. Y, para prevenir cualquier infracción de nuestra ordenanza, les prohibimos expresamente pensar, bajo las mismas penas; exhortamos a todos los verdaderos creyentes para que denuncien ante nuestra oficialidad a cualquiera que haya pronunciado cuatro frases bien coordinadas de las que pudiera inferirse un sentido claro y neto. Ordenamos que en todas las conversaciones haya que servirse de términos que no significan nada, según el antiguo uso de la Sublime Puerta.

Y para impedir que vaya a entrar algún pensamiento de contrabando en la sagrada ciudad imperial, hacemos especial encargo al primer médico de Su Alteza, nacido en algún remoto pantano del cansado occidente septentrional; pues dicho médico, como ya ha matado a cuatro augustas personas de la familia otomana, está más interesado que nadie en evitar la menor introducción de conocimientos en el país; por la presente, le conferimos el poder de capturar toda idea que se presente por escrito o de palabra ante las puertas de la ciudad y le ordenamos que traiga dicha idea atada de pies y manos ante nuestra presencia, para que le inflijamos el castigo que nos parezca más conveniente.

Dado en nuestro palacio de la estupidez, el día siete de la luna de Muharem, en el año mil ciento cuarenta y tres de la hégira.

Por la transcripción,

FRAY FRANCISCO V.
capuchino indigno
para servir a vuestra Señoría

Madrid, agosto de 177...

He cumplido religiosamente vuestras órdenes y he pronunciado ante mi Paquito el pregón moruno que me habéis facilitado. Espero que no os decepcione saber que se ha reído a carcajadas y que ha aplaudido con tanto entusiasmo como cuando contempla a los volatineros en la feria. De modo que he quedado contenta con él y también, como siempre, con vos.

Mi única preocupación es que lo vaya repitiendo entre burlas por ahí, pues en este país hay demasiada gente que se toma las enseñanzas de vuestro muftí perfectamente en serio. Por si lo dudáis, cosa que no creo, os contaré un sucedido reciente. Quizá recordéis al Asistente Don Pablo de Olavide, que hace años pasó por Ferney para ofreceros sus respetos y que según dicen ha mantenido a partir de entonces correspondencia con vos. Este caballero había viajado mucho por Europa, de donde retornó a España trayendo una importante biblioteca de casi tres mil volúmenes con todas las obras más importantes de los autores franceses, empezando por las vuestras, y también con muchas de ingleses ilustres como Bacon, Locke, Pope y Defoe. Se instaló en Sevilla, donde se casó con una viuda muy acaudalada, lo que le permitió llevar una brillante vida social. De su paso por Francia guardaba la afición a los salones y abrió uno en el Palacio del Alcázar, donde vivía con esplendor principesco. A esa tertulia asistió durante años lo más ilustre y lo más ilustrado de la capital andaluza. Yo he conocido en Madrid a uno de sus más asiduos visitantes, un joven magistrado serio, algo pedante pero de gran talento, llamado don Gaspar de Jovellanos. Como el Asistente favoreció mucho los espectáculos teatrales, sobre todo de obras extranjeras que aliviasen el aburrimiento bastante soez o clerical de las españolas, el señor de Jovellanos tradujo alguna de vuestras obras y también compuso un interesante drama propio, titulado *El delincuente honrado*, del que me han hecho grandes elogios.

Su gran amigo el conde de Aranda, a quien de seguro también debéis conocer, confirió a Olavide el cargo de Superintendente de las Nuevas Poblaciones. En el cumplimiento de tal encomienda, don Pablo se dedicó a la colonización de la Sierra Morena, ese agreste y exótico paisaje cuyo nombre ha de sonaros porque aparece en las aventuras de don Quijote. Llevó a cabo su tarea con originalidad y audacia en las ideas, instalando en esa zona despoblada colonos traídos de Centroeuropa. Pero prohibió establecer conventos en los pueblos por él fundados, lo que le valió la animadversión de los frailes. Se le oyó decir: «Ya no se necesitan más religiosos en las poblaciones. ¡Y ojalá pudiera despedir a algunos...!» No hizo falta más para que acabase frente al Tribunal de la Inquisición. Su principal delator, el padre Rolando Friburg, le acusó ante todo con vehemencia de conocer muy bien las obras de Voltaire y de Rousseau, además de mantener correspondencia amistosa con tales herejes. Por añadidura denunció que se burlaba del culto rendido a las imágenes de Cristo, la Virgen y los santos, que comía carne los viernes, que poseía cuadros con figuras desnudas, que había prohibido tocar las campanas en caso de tempestad, que negaba los milagros, que sostenía que los difuntos no deben ser enterrados en las iglesias... ¡y que aseguraba que la tierra se mueve, lo que ya es originalidad a estas alturas del siglo dieciocho! Con tales crímenes, el resultado del autillo de fe no podía ser más que condenatorio y severísimo. Se le declaró hereje, y como tal incapaz de ejercer cargos públicos, de llevar espada, montar a caballo y vestir trajes de seda. Se confiscaron todos sus bienes y se le desterró de Madrid y Sevilla; se le prohibía también volver a América, pues había vivido largo tiempo en el Perú. Se le encerró en un convento de la Mancha, de donde se escapó cierto tiempo después y supongo que ahora vivirá en algún lugar de Francia o Italia, con su vida arruinada. Pero en cierta medida la Inquisición no se ensañó demasiado con él, porque no se trataba más que de hacer una demostración de fuerza que sirviera de ominosa advertencia a quienes desde lo alto pretenden modernizar este país, empezando por el propio rey y siguiendo por Aranda. Os hago notar que los señores que frecuentaban el salón sevillano de Olavide no sólo no salieron en su defensa sino que incluso aportaron testimonios en contra suya. ¡Todo antes que ser confundidos a partir de entonces con lectores de Voltaire! En esta cobarde conducta, la actitud del señor de Jovellanos representó una honrosa excepción.

En fin, amigo mío, que tenéis mucha razón al hablar del horrible peligro de la lectura pues al menos en España tal peligro es patente. Y quedo preocupada porque mi hijo Francisco no haya podido quizá guardar de vuestra advertencia más que

133

el tono jocoso. Pero sigamos. Vuestra historia con la marquesa de Châtelet me ha parecido tan emotiva que casi me resulta impertinente preguntaros, como una niña ávida de ser entretenida con cuentos: ¿y qué pasó después? Disculpadme si os parece que soy la peor educada y, ay, la menos joven de las niñas pero quiero saber cómo los grandes hombres sobreviven a las grandes pérdidas. Lo sospecho: haciéndose más grandes todavía. ¿Seréis tan bueno como para ocuparos de confirmar en detalle mi sospecha puesto que estoy segura de que vuestro caso no puede desmentirla?

CAROLINA

Ferney, agosto de 177...

Mucho me entristece, señora, lo que me contáis del señor de Olavide, con quien en efecto recuerdo vagamente haber mantenido correspondencia y que quizá me haya visitado aquí en Ferney, como vos decís. Cuando tengáis mi edad, amiga mía, no seréis menos encantadora pero estaréis algo desmemoriada: antes de abandonar el mundo del todo es el mundo mismo quien comienza a abandonarnos, llevándose los recuerdos que nos prestó. Tengo en cambio muy presente en la memoria al conde de Aranda, quien confío que logrará cortarle las uñas al monstruo de la Inquisición hispánica: de momento, por lo que me decís, sólo ha conseguido limárselas un poco. No sé si conocéis el artículo que dedico a Aranda en mi *Diccionario filosófico* —obra de cuya paternidad suelo renegar por motivos de seguridad cuando me dirijo a un público menos fiable que vos—. Es la única entrada con nombre propio contemporáneo en ese breviario de mi filosofía y no me arrepiento de habérsela consagrado. Estoy seguro de que también en Iberia las luces de nuestra época racional van a conseguir abrirse paso, gracias al portugués Pombal y a vuestro Aranda. Ahí tenéis el caso de Austria o el de Rusia, que aún parecía más desesperado. Pero todo marcha más despacio de lo que quisiéramos. La superstición tiene a su favor la rutina de los siglos y la fidelidad de los empleos que ha ido creando a su servicio: la filosofía necesita mucho tiempo y el amparo de protectores bien situados.

Fue precisamente uno de esos gobernantes esclarecidos el que me tentó con sus protestas de amistad después de la muerte de Emilia. Corrí hacia él como Platón acudió al llamado del joven Dionisio de Siracusa; mi decepción no fue tan amarga como la suya pero bastó para enseñarme que el más filósofo de los reyes siempre será más apto para confirmar los vicios del poder que las virtudes de la filosofía.

Federico de Prusia comenzó su correspondencia conmigo cuando aún era príncipe, cuatro años antes de ceñir la corona que su padre Federico-Guillermo hubiese preferido ver en cualquier otra cabeza. Me atrevería a jurar que nunca ha habido en el mundo un padre y un hijo que se pareciesen menos... al menos a primera vista. El padre era un auténtico vándalo, que durante todo su reinado no tuvo otra preocupación que amasar mucho dinero y mantener con el menor gasto posible las mejores tropas de Europa entera. Nunca hubo súbditos más pobres que los suyos ni rey más rico. Había comprado a bajo precio gran parte de las tierras de su nobleza y recuperó en seguida la mayor parte de su inversión en forma de impuestos sobre el consumo. Si un hombre mataba una liebre, cortaba las ramas de un árbol en la vecindad de las tierras del rey o cometía cualquier otra imperceptible falta, tenía que pagar una multa a las arcas reales. Si una chica se quedaba encinta fuera del matrimonio, ella, su amante y los padres de ambos eran también multados. Gracias a tales medidas consiguió acumular, en veintiocho años de reinado, alrededor de veinte millones de escudos que guardaba en los sótanos de su palacio de Berlín, bien empaquetados en toneles cerrados con abrazaderas de hierro. Todos los efectos de sus habitaciones eran de plata maciza y de un gusto pésimo; en el cuarto de su mujer todo era de oro, hasta los grifos y las cafeteras. Hay que reconocer que Turquía es una república comparada con el despotismo que ejerció sobre Prusia el tal Federico-Guillermo.

Le llamaban el rey sargento porque su mayor placer consistía en pasar diariamente revista a su regimiento de húsares gigantescos, el más bajo de los cuales medía siete pies de alto. Podréis juzgar, señora, el asombro primero y la cólera de este bruto después ante un hijo que creció lleno de ingenio y de cortesía, aficionado a la lectura, que amaba la música y componía versos. En cuanto le veía con un libro entre las manos, se lo quitaba y lo arrojaba al fuego; si el príncipe ensayaba con su flauta, se la arrebataba y la rompía furiosamente. En ocasiones propinó a su heredero tundas de bastonazos, como si fuese un recluta torpe o díscolo de su bendito regimiento. El muchacho sentía una tierna amistad, que quizá confundía con amor, por cierta joven plebeya, hija de un maestro de escuela: ella tocaba el clavecín y el príncipe la acompañaba con su flauta. El rey sargento se enteró del romance y de inmediato ordenó que la chica fuese arrastrada por la plaza mayor de Potsdam mientras el verdugo la azotaba. El enamorado flautista se vio obligado a asistir a ese lamentable espectáculo.

Ante tales muestras de solicitud paterna, no es raro que el príncipe decidiese huir de Prusia. Planeaba dirigirse a Francia y quizá luego a Inglaterra; dos buenos amigos, Katt y Keith, habían de acompañarle en tal exilio voluntario. La mañana de la huida, los granaderos del rey detuvieron al príncipe y a uno de sus acompañantes, mientras que el otro lograba escapar por muy poco. Al pobre Katt le decapitaron de inmediato, bajo las ventanas de la torre en la que aquel padre feroz encerró al joven Federico. Durante dieciocho meses permaneció en ese calabozo, sin otra compañía que un soldado que de ser su carcelero pasó a convertirse en su amigo. Era joven, guapo, de admirable planta y sabía tocar bien la flauta: Federico descubrió que tan amable guardián podía entretenerle de múltiples maneras. Por cierto que cuando el príncipe llegó a transformarse en rey, este muchacho tan excelentemente dotado no fue olvidado por su antiguo reo. Cuando le conocí en la corte de Potsdam, ejercía junto a Federico como una mezcla de criado de confianza y primer ministro, con toda la insolencia que ambos puestos suelen inspirar.

El despótico Federico-Guillermo no se contentaba con la prisión del heredero y planeaba cortarle la cabeza como había hecho con su cómplice Katt, pues después de todo aún le quedaban otros tres hijos y esperaba tener más suerte con alguno de los restantes. Pero las presiones de su esposa y de sus consejeros, así como la intercesión decisiva del emperador de Austria, le hicieron desistir de ese propósito criminal. Liberó finalmente al príncipe, aunque le mantuvo permanentemente vigilado y evitó concederle la menor responsabilidad pública de gobierno. El joven se dedicó a estudiar filosofía, especialmente Leibniz y Wolff (a este último el rey le había expulsado de Prusia amenazando con estrangularle), y también comenzó a escribirse con algunos poetas poco recomendables del extranjero, como quien tiene el honor de ser vuestro rendido servidor. La mayoría de sus cartas eran en verso, todas muy largas y cada una pretendía ser un tratado completo sobre metafísica, historia o política. Como su francés aún no era ni mucho menos perfecto —aunque luego llegó a serlo— en mis respuestas procuraba sugerirle correcciones de forma y de contenido. Me las agradecía con halagos casi ditirámbicos, que yo me apresuraba a devolverle. Si él me llamaba hombre divino, yo le ascendía a Salomón del norte. Después de todo los epítetos no cuestan nada. Lo mejor que escribió durante esos años fue un *Antimaquiavelo*, combatiendo los principios poco escrupulosos del florentino. Claro que si Maquiavelo hubiese tenido a un príncipe de carne y hueso por discípulo, lo primero que le habría aconsejado hubiera sido escribir contra él para luego actuar de forma plenamente maquiavélica. Pienso, empero, que entonces Federico creía de buena fe lo que predicaba: la moderación, la justicia y el repudio de toda usurpación. El opresivo ejemplo de su padre era suficiente para hacerle aborrecer sinceramente los abusos del despotismo.

Me envió el libro a escondidas para que yo intentase editarlo en Holanda, pues en Prusia iba a ser imposible y él no conocía a ningún librero de confianza. Inicié las gestiones con Van Doren, proponiéndole que imprimiese la obra de Federico junto al original de Maquiavelo y todo ello acompañado por un comentario mío en apoyo de mi antimaquiavélico amigo. Y entonces el brutal rey sargento tuvo a bien morirse, para satisfacción de casi todos. Prusia había sido gobernada como una nueva Esparta; podía esperarse que el joven monarca la transformase en algo parecido a una nueva Atenas. Desde luego algunas de las costumbres atenienses eran muy del gusto de Federico pero otras, en especial las más republicanas, chocaban con su temperamento y con sus ambiciones. Quizá nunca haya habido un hombre que haya sentido con tanta fuerza la razón y que haya escuchado tanto a sus pasiones. En cualquier caso, sabía hacerse querer, al menos a distancia. Desde que llegó al trono, no cesó de intentar por todos los medios atraerme a su lado. Y yo me sentía seducido por su gentileza, por su ingenio, por sus dones y porque era rey, lo cual es gran motivo de seducción para la flaqueza humana. Mi destino ha sido correr de rey a rey, aunque siempre he amado la libertad con idolatría.

Pese a las protestas de la señora de Châtelet, que le destestó en seguida con más encono que si hubiera sido una rival, me decidí a cumplirle una visita. Estaba entonces en el pequeño castillo de Meuse, a dos leguas de Clèves, donde había caído enfermo. Le acompañaban personajes de la ciencia y del ingenio, algunos ya conocidos míos, como Maupertuis, Algarotti, Keyserlingk o Baculard de Arnaud. El castillo de Meuse no tenía más que un soldado en la puerta haciendo guardia. Me hizo entrar y tropecé con un señor que vestía una levita usada y llevaba la peluca grotescamente torcida, mientras paseaba arriba y abajo por el patio soplándose la punta aterida de sus dedos para devolverles el calor. Supe luego que se trataba de Rambonet, consejero privado y ministro de Estado, uno de los hombres más importantes del reino. Tuvo la amabilidad de acompañarme hasta los aposentos reales. Llegamos a un pequeño gabinete, sin decoración alguna en las paredes desconchadas: a la luz de una bujía, entreví en un camastro de dos pies y medio de ancho a un hombre pequeño que sudaba y temblaba bajo una manta militar, presa de un violento acceso de fiebre. Era Federico, rey de Prusia. Le hice una reverencia, me senté a su lado y comencé por tomarle el pulso, como si hubiese sido su médico de cámara. Impresionaban sus enormes y atónitos ojos azules, como los que sólo pueden tenerse en la extrema juventud. Según me cuentan, él los conserva idénticos todavía. Al poco rato se sintió mejor e insistió en levantarse para cenar. Nos sentamos a la mesa acompañados de Keyserlingk, Maupertuis, Algarotti, Baculard y el ministro de Estado Rambonet. Durante la cena discutimos a fondo de la inmortalidad del alma, de la libertad y de los andróginos de Platón. En ningún otro lugar del mundo se hubiera podido hablar con tanto desparpajo de todas las supersticiones de los hombres y nunca se hicieron sobre ellas tantas bromas despectivas. Cualquiera que nos hubiese oído podría haber pensado que éramos los siete sabios de Grecia charlando en un burdel.

Federico se esforzó cuanto pudo por retenerme a su lado, pero desde el principio dejé claro que mi estancia había de ser breve. No podía quedarme a su servicio porque prefiero la amistad a la ambición, porque me encontraba unido a la señora de Châtelet y porque, filósofo por filósofo, me gusta más una dama que un rey. Finalmente me dejó partir tras prometerle múltiples veces que volveríamos a reunirnos en cuanto fuera posible. Por aquellos días murió el emperador austríaco Carlos VI, a causa de una apoplejía producida por una indigestión de champiñones: ese plato de setas iba a cambiar el mapa de Europa. Su hija María Teresa, reina de Hungría y de Bohemia, quedaba aparentemente desvalida frente a las ambiciones territoriales de vecinos poderosos. Entonces resultó evidente que Federico, ya rey de Prusia, no era tan enemigo de Maquiavelo como había parecido serlo mientras fue príncipe. Y es que estaba en su naturaleza hacer siempre lo contrario de lo que decía y escribía, no por disimulo, sino porque hablaba y escribía movido por un tipo de entusiasmo y actuaba después impulsado por otro no menos vehemente.

Federico comenzó su reinado con algunas medidas que merecieron todos mis parabienes: a los tres días de sentarse en el trono abolió en toda Prusia el uso de la tortura en los juicios criminales, veinticuatro años antes de que el marqués de Beccaria publicase su gran obra *De los delitos y de las penas*. También promulgó un decreto según el cual todas las religiones debían ser igualmente toleradas y el gobierno se comprometía a no estorbar ninguna, pues cada cual tiene derecho a buscar el camino hacia el cielo a su modo. En cuanto a la prensa, le concedió libertad y soportó con desdeñoso silencio las mil diatribas que se propalaron contra él. En una ocasión, al advertir un pasquín injurioso de sus adversarios que había sido puesto como un cartel en la calle, lo cambió de sitio para que pudiera ser más leído. Luego me comentó con ironía que le retrata: «Mi pueblo y yo hemos llegado a un arreglo que satisface a las dos partes: ellos dirán lo que les parezca y yo haré lo que quiera.» Sin embargo, la muerte del emperador Carlos despertó en él al belicoso depredador cuya manifestación su difunto padre había esperado en vano.

Yo fui de los primeros en saberlo, pues me escribió una carta en la cual era patente más de un negro indicio: «La muerte del emperador altera todas mis ideas pacíficas y creo que, en junio, la cuestión será más de cañón y pólvora, de soldados y trincheras, que de actrices, bailes y escenarios; me veo pues obligado a cancelar el contrato que estábamos a punto de hacer.» Dicho contrato era precisamente la edición holandesa de su *Antima-*

quiavelo. Desde luego no resultaba demasiado oportuno escribir contra el político florentino en el momento mismo de comenzar a poner en práctica sus consejos. A su ministro Podewils le planteó Federico esta charada: «Le doy un problema para que lo resuelva: cuando alguien tiene la ventaja ¿debe utilizarla o no? Estoy preparado con mis soldados y todo lo demás. Si no los utilizo, tendré en mis manos un instrumento todopoderoso pero inútil. Si utilizo a mi ejército, se dirá que he tenido la habilidad de aprovechar la superioridad que tengo sobre mi vecino.» El discreto Podewils indicó que tal proceder sería considerado inmoral. Federico replicó: «¿Cuándo la moral ha disuadido a los reyes? ¿Puede uno permitirse la práctica de los Diez Mandamientos en esta madriguera de lobos que es la Europa de las grandes potencias?» En su sepulcro de Toscana, los huesos de Maquiavelo debieron crujir con aplauso. Y sin embargo, otra parte del alma complicada de Federico seguía juzgando con desaprobación su conducta, sin admitir las fáciles excusas de los aduladores. Meses después me enumeró con crudeza en otra de sus cartas las poco edificantes razones por las que entró en combate: «La ambición, el interés, el deseo de hacer hablar de mí me arrebataron: y declaré la guerra.» Una confesión tan rara merece pasar a la posteridad y debe servir para hacer ver sobre qué se fundan casi todas las guerras. Nosotros los hombres de letras, poetas, historiadores, declamadores académicos, celebramos las grandes hazañas y buscamos para ellas justificaciones sublimes: pero he aquí un rey que las hace y que las denuncia.

De modo que Federico puso en pie de guerra un ejército de treinta mil hombres, adiestrado con mimo por su difunto padre durante décadas, y avanzó sobre Silesia. Su embajador en Viena propuso a la hija del difunto emperador que para evitar males mayores les cediera tres cuartas partes de esa provincia. María Teresa no tenía entonces ni tropas, ni dinero, ni crédito; sin embargo, se mostró inflexible. Prefería perderlo todo que ceder ante un príncipe al que no consideraba más que como un vasallo de sus antepasados y al cual una intercesión de su padre el emperador había salvado el cuello. Para empeorar su situación, Francia y Baviera decidieron entrar también en guerra contra ella. No se arredró. Buscó el apoyo de los feroces señores feudales húngaros, que hasta entonces guardaban con la corona imperial de Austria una relación de recelo cuando no de hostilidad. Los reunió en Presburgo y les dirigió una conmovedora súplica en latín (la mayoría de ellos no entendían el alemán), explicándoles que, abandonada por sus aliados, su honor y su trono dependían de la caballerosidad de los nobles de Hungría. Su belleza y sus lágrimas conmovieron a esos guerreros nada dóciles, quienes acabaron la sesión gritando espada en mano: «*Vitam et sanguinem!*» De modo que María Teresa logró finalmente reunir un ejército no demasiado numeroso pero aguerrido. El mariscal Neipperg, su comandante, se enfrentó a Federico bajo las murallas de Neisse, en Mollwitz. A las primeras de cambio, la caballería prusiana fue puesta en fuga por la caballería austríaca. Federico no estaba todavía acostumbrado a ver batallas y menos a perderlas, de modo que sin esperar a más huyó a galope tendido hasta Oppeln, a doce leguas cumplidas del escenario del combate. Siempre he pensado que el único ser vivo al que Federico ha estado realmente agradecido fue al caballo que le sacó de Mollwitz. El académico Maupertuis, que le había seguido al campo de batalla esperando participar en los honores del triunfo, tuvo menos suerte y hubo de retirarse apresuradamente en un asno que le costó dos ducados.

Federico se despertó al día siguiente en un camastro, desesperado y sin saber por dónde volver a casa. Entonces fue alcanzado por uno de sus edecanes que le comunicó que había ganado la batalla. Por lo visto la caballería prusiana era mala pero su infantería era la mejor de Europa. El monarca victorioso regresó de inmediato al frente y todo el mundo aseguró que no había abandonado el puesto de peligro ni por un momento. La historia oficial de los reinos está trufada de leyendas semejantes. En cualquier caso, la guerra distaba mucho de estar concluida. María Teresa siguió defendiéndose con tenacidad admirable. Intervinieron nuevos contendientes: Inglaterra, España, todo el mundo. Después de muchos avatares, María Teresa perdió Silesia pero conservó la mayor parte de su imperio. Los Países Bajos, Flandes, Cerdeña y otros territorios fueron distribuidos y redistribuidos. Finalmente se firmaron tratados y las potencias europeas descansaron durante ocho años hasta que el trabajo de las mujeres en materia de partos pudiera llenar las vacantes de los regimientos y los dejara listos para otra partida en el juego de los reyes. Federico volvió a casa, se acordó más que nunca de mí y me llamó de nuevo a su lado, apremiante, seductor.

Yo acababa de enviudar de mi divina Emilia. No soportaba seguir frecuentando los lugares en los que nos amamos, en los que trabajamos y discutimos, en los que fuimos dragón ilustrado de dos cabezas contra los enemigos de la razón y del buen gusto. Sólo mi sobrina, la señora Denis, por la cual confieso haber sentido en cierta época algo más ardiente que una devoción paternal, me ayudaba a sobrellevar el luto que oscurecía mi alma. Era un buen momento para que la corte francesa me hubiera recuperado, pero Luis XV no tenía demasiada simpatía por los ingenios filosóficos o literarios. Cuando la señora de Pompadour intentó avergonzarle diciendo que Federico de Prusia sentaba a su mesa a diversos sabios y acababa de conceder una pensión nada menos que de mil doscientas libras al señor D'Alambert, ni se inmutó. «Señora, los ingenios preciosos son mucho más numerosos aquí que en Prusia; me vería obligado a tener una mesa de comedor muy grande para reunirlos a todos. Fijaos: Maupertuis, Fontenelle, Lamotte, Voltaire, Fréron, Piron, Destouches, Montesquieu, el cardenal de Polignac...» La señora de Pompadour completó la lista: «Clairaut, D'Alambert, Diderot, Crébillon, Prévost...» Luis la interrumpió con un suspiro de alivio: «¡Uf, menos mal! ¡Y pensar que durante veinticinco años hubiera podido tener todo *eso* comiendo o cenando conmigo...!»

De modo que decidí encaminarme hacia Prusia de nuevo, esperando encontrar a Federico ya escarmentado de sus aventuras bélicas. Pero como tenía el cargo de gentilhombre ordinario del rey y además el de historiador real, no podía instalarme en la corte de Potsdam sin una autorización expresa de mi monarca. Acudí a Versalles para solicitarla personalmente, con la esperanza de que me la negasen e intentaran retenerme en Francia. Pero aún no conocía por completo el humor de los grandes. Luis XV me concedió el permiso ilimitado con toda sequedad y me volvió la espalda; el mismo trato obtuve del Delfín e incluso de la señora de Pompadour, de cuya simpatía por mí había recibido antaño pruebas halagadoras. Comprendí que consideraban una impertinencia que pretendiese formar parte de su corte y una traición que me fuese a otra. Inmediatamente empezaron a proteger ostentosamente al decrépito Crébillon, cuya senil tragedia *Catilina* fue parangonado a lo mejor de Racine y de Corneille. En cambio Federico no escatimaba las muestras de afecto. «Estoy firmemente persuadido de que seréis muy feliz aquí en tanto yo viva», me escribió. Y antes de emprender viaje hacia Prusia me llegó la noticia de que había sido nombrado chambelán del rey Federico, con derecho a una pensión de duración ilimitada y la condecoración de la Orden del Mérito. El mismo día me llegó la notificación de mi cese como historiador real, «puesto que era un cargo incompatible con residir en un país extranjero». Decidí partir sin mayor demora, aunque Federico se mostraba un poco inconcreto respecto a los gastos del viaje y muy explícito al decirme que no quería verme acompañado por la señora Denis.

Mi estancia en Prusia duró dos años y medio, casi tanto como mi permanencia en Inglaterra y resultó no menos importante para mí que aquella otra aventura juvenil. También en esta ocasión partí en cierta medida expulsado por Francia y despechado por el trato que me dedicaba. Me doy cuenta, señora, de que nunca hubiese salido de mi patria si ella no me hubiese resultado hostil. No tengo la comezón del desplazamiento y sólo he viajado por necesidad. Veréis, consideremos nuestro planeta como una gran casa: hay quien baja a la bodega, otro sube a cubrirse de polvo en la buhardilla, el otro se pasa el día husmeando en la cocina o vigilando la despensa... pero las personas sensatas se instalan confortablemente en la sala de estar y no se mueven de allí a no ser que necesiten con mucha urgencia algo guardado en otra parte. Pues bien, la sala de estar del mundo es París. Hace veintiocho años que no la piso pero por mi gusto jamás hubiese salido de ella.

Cuando llegué a Prusia me dirigí directamente a Potsdam. El viejo rey sargento había convertido aquel antiguo villorrio en una auténtica ciudad cuartel para sus tropas. Todo lo que allí hay, edificios, manufacturas, almacenes, etc... tiene primordialmente una finalidad militar. El emplazamiento del lugar hubiese merecido algo más ameno porque es excelente: ocupa una península delimitada por el río Havel y por una serie de pequeños lagos formados por el mismo curso fluvial. Como Federico amaba ese paisaje de bosques y colinas decidió instalarse allí, pero sabiamente separado del hastío de la permanente vida de guarnición. Eligió para construir su nueva abadía de Théléme un altozano próximo a la ciudad aunque fuera de ella. En esa cumbre edificó su particular Versalles prusiano, al que tituló con imaginación algo burguesa «Sans-Souci». En la abadía de Rabelais la divisa era «haz lo que quieras», lo que en el Sans-Souci de Federico debía leerse «quered lo que yo haga». Por lo demás, el palacio destaca por la sencillez y la ligereza de sus formas: fue diseñado por el propio monarca. Se abre sobre una vasta explanada muy hermosa y seis terrazas sucesivas descienden hasta el magnífico parque. Del mismo modo que los griegos construían sus ciudades en torno a la acrópolis, el edificio de Sans-Souci se distribuye en torno a una rotonda central que es el salón o ágora donde se celebran los banquetes filosóficos del rey. Al llegar ocupé una buena habitación en el ala oeste, pero poco después me trasladé al palacio de la Residencia, dentro de Potsdam, un edificio construido por el Gran Elector que Federico había restaurado con muy buen gusto. Creo haberos mencionado ya mi tendencia de liviana mariposa filosófica a chamuscarme en el fulgor solar de los monarcas si permanezco demasiado próximo a él...

Federico vivía permanentemente en Sans-Souci, donde jamás entraban ni curas ni mujeres. La reina madre Sofía Dorotea habitaba su pequeño palacio de Monbijou, a orillas del Spree. En cuanto a la reina Isabel Cristina, estaba recluida en Schönhausen, a una legua de Berlín. Federico nunca le había perdonado el haberse visto obligado a casarse con ella, coaccionado por el padre feroz. Desde luego no tenían hijos, por la más obvia de las razones. La tercera mujer de la familia real era la hermana de Federico, Guillermina, la margrave de Bayreuth, que también había sufrido las brutalidades del rey sargento y que era el único elemento femenino de su sangre con el que Federico conservaba cierta complicidad, no exenta de enfrentamientos. Visité en diversas ocasiones a las tres grandes damas, que siempre fueron muy amables conmigo. Mi preferida era la encantadora y espiritual Guillermina, mientras que la mesa que más me resistía a frecuentar era la de la reina Isabel Cristina, de tanta frugalidad que los huéspedes solíamos asistir ya comidos a sus cenas. ¡Cuentan que en una de ellas no ofreció a la noble dama a la que había invitado más que una cereza escarchada!

¿Queréis saber cuál era la rutina diaria del rey Federico de Prusia? Quizá no deba decir «era» porque, con las mínimas alteraciones que pueda haber impuesto la edad, estoy seguro de que seguirá siendo la misma. Se levantaba a las cinco de la mañana en verano y a las seis en invierno. Nada de grandes señores esperando su despertar, ni limosneros, ni chambelanes, ni gentileshombres de cámara, ni docenas de ujieres como en la corte de Versalles. Un simple lacayo entraba para encenderle el fuego, vestirle y afeitarle. Por lo común, cuando llegaba solía encontrarle ya casi totalmente vestido. Su habitación era bastante hermosa; una rica balaustrada de plata, adornada con amorcillos muy bien esculpidos, parecía cerrar el estrado de un lecho cuyas cortinas permanecían corridas; pero detrás de las cortinas no había lecho alguno, sino una biblioteca. En cuanto a la cama del rey, era un simple catre de tijera con un colchón muy delgado, oculto tras un biombo. Marco Aurelio y Juliano, los dos regios apóstoles a quienes veneraba, seguro que no se acostaban peor. En cuanto Su Majestad estaba vestido y calzado, el estoico concedía unos pocos momentos a la secta de Epicuro: hacía venir a dos o tres favoritos, fueran tenientes de su regimiento, pajes, heiduques o cadetes jóvenes. Tomaban juntos café. Aquel al que prestaba su pañuelo permanecía media hora a solas con él. Las cosas no llegaban demasiado lejos, dado que el príncipe —cuando aún vivía su padre— había tenido en los amores de paso mala suerte y peor curación. Ahora, como no podía desempeñar el primer papel, se conformaba con disfrutar el segundo. Hiciera lo que hiciese, el asunto no le llevaba demasiado tiempo. En cuanto acababan estos entretenimientos de escolares, recibía a su primer ministro, que no era otro que aquel soldado que tan cálidamente había servido a Federico durante su prisión en la torre de Custrin. Todos los secretarios de Estado le enviaban sus informes al favorito, éste se los presentaba ya extractados al rey y Federico los despachaba con dos palabras escritas al margen de su puño y letra. Todos los asuntos del reino se solventaban así en una hora. Los secretarios rara vez se entrevistaban personalmente con el monarca: había algunos que ni siquiera le habían sido presentados. El rey sargento había impuesto tal orden en las finanzas, todo se cumplía tan militarmente, la obediencia era tan ciega, que un país de cuatrocientas leguas funcionaba gobernado como una abadía.

Más tarde pasaba revista a su regimiento de guardias y después almorzaba con sus hermanos o con algunos oficiales y chambelanes. Su mesa era todo lo buena que se puede esperar en un país donde no hay caza, ni carne de vacuno pasable, ni una mísera pularda, y donde el trigo hay que sacarlo de Magdeburgo. Después de esta comida se retiraba a su gabinete y componía versos durante un par de horas. Un joven llamado Darget, venido de Francia, era el encargado de hacerle la lectura de obras de todo género. A partir de las siete de la tarde comenzaba un pequeño concierto, sin duda uno de los momentos más gratos de la jornada para el rey. Federico tocaba la flauta tan virtuosamente como el mejor de los artistas y muchas de las composiciones que interpretaba con su orquesta de cámara eran obra suya. No había ningún arte que no cultivase pero en la música era realmente sobresaliente. Después comenzaba la cena, en una salita que tenía por singular ornamento un cuadro cuyo bosquejo había proporcionado él mismo a su pintor Pesne, destacado colorista. Era un obra de alegre indecencia, una hermosa priapea. En ella se veían jovencitos abrazando a mujeres, ninfas montadas por sátiros, amorcillos que jugaban al juego de los Encolpos y Gitones, algunos mirones babeando de admiración ante tales empeños amatorios, parejas de tórtolas dándose el pico, chivos apareándose con cabras y carneros con ovejas, etc... A diferencia de otros monarcas, que se conceden a sí mismos derecho a cualquier libertinaje mientras imponen restricciones pudibundas a sus vasallos, Federico autorizaba a todos a vivir con igual licencia. En cierta ocasión quisieron quemar en no se qué provincia a un pobre campesino, acusado por un cura de mantener una intriga galante con su burra; el rey anuló la sentencia, escribiendo de su puño y letra al margen del indulto que en sus estados había «libertad de conciencia y de p...». Durante nuestras cenas, presididas por la priapea de Pesne, la charla era tan libre como no creo que llegue a serlo en ninguna otra mesa de Europa, no ya de reyes sino tampoco de burgueses. No se respetaba ningún prejuicio y no había superstición o dogma sobre el que no se hicieran cáusticas glosas. En una palabra, Federico reinaba sin consejeros, sin corte y sin culto sagrado.

¡Singular gobierno, singulares costumbres, donde contrastan el estoicismo y el epicureísmo, la severidad de la disciplina militar y el relajamiento en el interior de palacio, los pajes que dan placer en los gabinetes y los soldados a los que se azota treinta y seis veces bajo las ventanas del monarca que mira, los discursos morales y la tolerancia del desenfreno, las críticas a los principios de Maquiavelo y su astuta puesta en práctica, los refinamientos de la música y la poesía con la ambición de emular a los grandes héroes ladrones de reinos! Por cierto, el propio Federico compuso una ingeniosa *Disertación en favor de los ladrones* y la hizo editar en las actas de la Academia de Berlín. Dudo que ningún otro gobernante europeo se hubiese atrevido a firmarla siquiera... En fin, después de cenar solíamos ir a la Ópera, en una enorme sala de trescientos pies de largo donde el monarca de Prusia reunía las voces más hermosas y los cuerpos de baile mejor adiestrados. Destacaba por encima de todos la Barberina, cuya forma de danzar gustaba especialmente a Federico; incluso creo que estaba un poco enamorado de ella, porque tenía piernas de hombre. Sus tropas la habían raptado en Venecia y la habían traído a través de Austria hasta Berlín, concediéndole entonces una pensión más elevada que la de tres ministros de Estado. Así, con ballet y delicadas arias, concluía la jornada real.

Mis obligaciones como chambelán, que yo procuraba tomarme muy en serio y el rey aún más, me exigían que le acompañara en varios de esos actos públicos, en la mayoría de los almuerzos y en todas las cenas. Pero mi principal tarea consistía en dar el último toque a las composiciones poéticas que escribía Su Majestad. Trabajábamos juntos un par de horas al día; yo corregía verso a verso, no olvidando nunca alabar mucho lo que había de bueno mientras tachaba lo que no valía nada. Federico planeaba publicarlo todo en varios volúmenes, con el título general de *Obras del filósofo de Sans-Souci*. Es indudable que no le concedía al rango de filósofo menos importancia que al de rey, ni viceversa. Su dominio de la lengua francesa era ya impecable, aunque a veces le fallaba el oído: versificaba en el idioma de Racine pero con la música de una charanga militar prusiana. Sin embargo no le faltaba ingenio y a veces le sobraba malicia. Nuestra relación artística fue siempre cordial en grado sumo. Me trataba con la deferencia respetuosa de un discípulo entusiasta. Estaba acostumbrado a demostraciones de ternura singulares con favoritos mucho más jóvenes que yo; una tarde, olvidando que yo no tenía esa feliz edad y que mi mano estaba ya seca y arrugada, me la tomó cariñosamente para besármela con agradecimiento. Yo también le besé las suyas y mi viejo corazón se hizo su esclavo. En cierta medida, sospecho que nunca he dejado del todo de serlo.

Del primer éxtasis, empero, fui despertando poco a poco. Nuestro primer desacuerdo serio tuvo por motivo la figura más singular del pequeño círculo filosófico que mantenía Federico en lugar de corte. Se trataba de Julien Offroy de La Mettrie, un desenfadado materialista que había confundido a la Sorbona con tal habilidad que le habían concedido el título de doctor en medicina. Si hubiera practicado la ciencia de Galeno se le podrían reprochar sin duda numerosos crímenes, pero afortunadamente nunca pretendió curar a nadie sino de palabra. Se dedicó en cambio a maldecir por escrito con mucha gracia de los médicos y a componer las obras filosóficas más atrozmente blasfemas que quepa imaginarse, con títulos tan provocativos como *El hombre-máquina*, *Arte de gozar*, *Antiséneca o Del soberano bien*, etc... Federico le llamaba su «ateo de cámara». Era sin duda un compañero muy divertido en las cenas, porque había en él un fondo de alegría inagotable y aturdida, acompañado de un apetito realmente prodigioso. Como las autoridades médicas a las que había injuriado le perseguían en Francia, se refugió en Prusia con una jubilosa furcia que se le había unido en alguno de los burdeles de los que era asiduo. A su mujer y a sus hijos los olvidó en casa, confiado quizá en la generosidad de los vecinos. Federico disfrutaba con sus ocurrencias, cuanto más escandalosas fueran, mejor. Cuando La Mettrie aseguraba entre carcajadas que «todo el reino del hombre no es más que un conjunto de diferentes monos, a cuyo frente Pope ha puesto a Newton», Federico palmoteaba como un niño viendo las piruetas de los arlequines. Al rey le gustaba escuchar en privado enormidades porque sabía bien que nunca nadie las convertiría en doctrina respetable: los hombres estamos hechos de tal manera que nos gusta ejecutar el mal pero rechazamos a quienes lo predican. Supongo que no habéis leído nada de La Mettrie, amiga mía, de modo que permitidme que alarme un poco vuestros oídos filosóficos con uno de sus característicos himnos al desenfreno: «Que la polución y el goce, rivales lúbricos, se sucedan uno a otra, y que te hagan día y noche fundirte de voluptuosidad, hasta volver tu alma, si ello fuera posible, tan pringosa y lasciva como tu cuerpo. En fin, puesto que no tienen más recursos, sácales partido: bebe, come, ronca, duerme, sueña y si te da por pensar a veces, que sea como entre dos curdas y siempre sobre el placer del momento presente o el deseo reservado para la próxima hora. O si, no contento de sobresalir en el gran arte de las voluptuosidades, la crápula y el desenfreno ya no son lo suficientemente fuertes para ti, que la basura y la infamia sean tu glorioso patrimonio: revuélcate en ellas como hacen los puercos y serás feliz a su manera. No te exhorto al crimen, Dios no lo quiera, sino solamente y como lógica consecuencia de este sistema, al reposo en el crimen.» A tales ocurrencias estrepitosas las denominaba La Mettrie las «desnudeces del ingenio». A mí me parecían obra de un ingenio más desharrapado que desnudo.

La Mettrie pensaba que todos los hombres nacen criminales y desaforados como bestias: sólo las convenciones sociales impuestas reprimen unos apetitos que las personas sin prejuicios procuran satisfacer ocultamente. Es decir, que tenemos que elegir entre la franqueza del animal salvaje o la vil hipocresía del doméstico. Al refutar las creencias y los prejuicios, la filosofía nos deja sin más motivos para rechazar los crímenes que el miedo al patíbulo. Francamente, señora, esta forma de pensar me parece tan errónea y tan dañina como la de los devotos que nos convierten en esclavos de un Dios caprichoso. Sin duda un mundo poblado de gente como La Mettrie resultaría menos fastidioso que otro en el que predominaran los Torquemadas y seguramente sería más tolerante, aunque no más sabio. Federico se divertía mucho escuchando esas enormidades porque son propias para animar una velada de espíritus fuertes, pero no hubiera querido que ninguno de sus súbditos las tomara como decálogo. Como ya había demostrado a costa de Maquiavelo, en su opinión hay un momento para teorizar agradablemente y otro muy distinto en el que se toman las decisiones y se dictan las leyes. En este asunto no pude estar de acuerdo con él y se lo hice saber.

Me opuse a la doctrina materialista de La Mettrie por dos razones fundamentales: la considero falsa y la juzgo peligrosa. No creo ser especialmente pudibundo ni me tengo por mojigato en cuestión de ingenio; además espero que me creáis, amiga mía, si os aseguro que disfruto con la ironía y aplaudo a quien es capaz de dar un sesgo humorístico al razonamiento justo. Sin embargo, me tomo en serio, y aun muy en serio, las ideas; con la tarea de la filosofía nunca bromeo. Algunas de las opiniones que he defendido han resultado chocantes para devotos y supersticiosos pero nunca para los amigos del razonar. Pretendo iluminar a los hombres, no deslumbrarlos. No quiero competir con los farsantes en proponer paradojas y maravillas, sino denunciar sus imposturas y defender la dignidad de la cordura. Soy el enemigo nato de los enemigos del sentido común. Las falsedades no cuentan con mi beneplácito filosófico aunque sean muy entretenidas y disgusten a los curas. Por eso escribí contra las teorías de La Mettrie un poema titulado *La ley natural*, sosteniendo que en su fuero interno cada cual puede hallar la recta voz que le llama a cooperar con los otros y respetarlos, no infligiéndoles los sufrimientos o abusos que él mismo aborrece padecer. Lo que tenemos los humanos en común es el repudio a los peores crímenes, aunque en tantas ocasiones cegados momentáneamente los cometamos: y lo que nos ciega ante la ley natural son precisamente mil diversos errores que se contagian socialmente, predicados por los fanáticos o por los cínicos. Pero es que además las exhortaciones aturdidas de La Mettrie no eran peligrosas sobre todo para la sociedad humana, que poco iba a escucharlas, sino para la filosofía misma. Brindó a nuestros enemigos la imagen libertina del filósofo que ellos siempre esperan para justificar la proscripción del conocimiento y la persecución contra las personas razonantes. Por ello, pese a mi simpatía personal por el alegre médico glotón y sus bromas de buena compañía, combatí por escrito su materialismo. Esta discrepancia entre sus filósofos no agradó demasiado al monarca que nos hospedaba.

El final de La Mettrie fue consecuente con sus principios, lo que sin duda le honra. Quienes conocían sus gustos le invitaban a cenas suculentas, en las que predominaba más la abundancia que el refinamiento. Solía asistir acompañado de su ramera, la cual mostraba por la bebida una avidez semejante a la que su protector tenía por los manjares sólidos. Cuando ya estaba embriagada, es decir poco después de los entremeses, la señora acostumbraba a combatir su acaloramiento despojándose de las prendas superfluas, que resultaban ser casi todas. Y como La Mettrie era cualquier cosa menos celoso, exhortaba a los circundantes a aprovechar como bien les apeteciera los encantos de su amiga y su buena disposición; de modo que esas cenas tenían más de saturnales que de banquetes platónicos. Una tarde disfrutaba de la hospitalidad de milord Tyrconnel, un irlandés que oficiaba como embajador de Francia ante la corte prusiana (por cierto, el embajador de Prusia en París era escocés, lo que habla bien alto de las habilidades diplomáticas de los británicos). Milord Tyrconnel era también un comilón formidable y mantenía con La Mettrie un noble pugilato por la primacía en capacidad estomacal. La cena se prolongaba ya durante varias horas, con una abundancia de platos digna de la mesa de Trimalción. La fulana de La Mettrie roncaba tiempo ha desmadejada en un canapé, sudorosa y purpúrea. Entonces, con aire triunfal, milord Tyrconnel ordenó servir ante el ahíto La Mettrie un gigantesco pastel de faisán relleno de trufas, el plato favorito del médico filósofo. ¿Sería capaz de probarlo siquiera...? Con un gemido de doloroso placer, La Mettrie acometió el monumento culinario y dio cuenta de él hasta la última migaja. Esa misma noche pereció de indigestión. Corrió por Berlín el infundio de que el ateo de cámara de Su Majestad había solicitado confesión antes de morir. Federico se sintió primero asombrado e indignado después, hasta que testigos presenciales le tranquilizaron: La Mettrie había muerto como vivió, maldiciendo a Dios y a los médicos. Ya satisfecho, el rey compuso el elogio fúnebre del autor de *El hombre-máquina*, ordenando que fuese leído por el secretario de la Academia de Berlín en las exequias. A la desconsolada compañera le fue concedida una generosa pensión para que no le faltasen licores con los que aliviar su luto...

Yo seguía corrigiendo versos del rey y en mis ratos libres completaba mis obras históricas, especialmente *El siglo de Luis XIV*, al que añadí en esos meses numerosas acotaciones sobre los grandes escritores de aquella época clásica. A partir de mi enfrentamiento teórico con La Mettrie empecé a notar cierto distanciamiento entre el rey y yo. Fue el propio La Mettrie, que siempre se llevó en lo personal muy bien conmigo, quien un día entre risas me dio la voz de alarma. Se había quejado ante Federico, con su exagerado humor habitual, de la privanza y el favoritismo que el monarca me concedía. «A ése déjale —fue la respuesta regia—. Debes saber que primero se estruja la naranja y luego se tira cuando ya no tiene jugo.» De inmediato La Mettrie corrió a repetirme este apotegma tiránico digno de Dionisio de Siracusa, adobándolo con muecas humorísticas. Celebré con él la ocurrencia pero *in pectore* decidí que se acercaba la hora de poner a salvo la corteza del estrujado fruto. Pronto tuve ocasión de lamentar no haberlo intentado antes.

Mi viejo conocido Maupertuis había sido nombrado por Federico presidente de su Academia berlinesa. Cuando llegué a la corte prusiana me recibió sin ningún entusiasmo, sin duda por celos de la influencia que yo parecía tener sobre el rey (antes, en Cirey, fui yo quien tuvo celos de la influencia que él ejercía sobre la señora de Châtelet y de las ocasionales pero evidentes complacencias eróticas que ella le concedió). Era bien parecido, muy arrogante y carecía absolutamente de sentido del humor. Se jactaba de no haber leído nunca a Molière y mantenía con asnal rotundidad la opinión de que el teatro entontece a los hombres y sólo es bueno para el populacho. Le gustaba además pasar por héroe de la ciencia: cuando volvió de su excursión polar se hizo retratar vestido de lapón y convivió durante cierto tiempo con dos laponas, una de las cuales llevó luego una vida notablemente licenciosa en el mundillo parisién. Había escrito un libro titulado *Venus física*, en el que proponía muy seriamente cosas bastante peregrinas, como edificar una ciudad en la que no se hablase más que latín, buscar a los gigantes que deben vivir cerca del polo sur y disecarlos para ver cómo está formado su enorme cerebro, hacer un agujero directo hasta el centro de la tierra y exaltar el alma con diversas sustancias químicas a fin de poder predecir el futuro. También sostenía que los distintos miembros del feto se forman en lugares diversos del útero materno y luego se reúnen por la fuerza de la atracción universal... Su cargo de presidente lo tomaba con enorme pomposidad: hasta se había casado con una aburridísima princesa alemana para resultar más respetable. En Cirey era sumamente ateo pero ahora había vuelto ostentosamente a las prácticas religiosas y hasta se permitía de vez en cuando algún comentario más o menos místico. Le gustaban los loros, las cotorras, los perros y los gatos, con los que había formado en su casa un auténtico zoológico. En cambio no le gustaba yo. Para desprestigiarme, le contó a Federico que en cierta ocasión me había oído decir, al recibir su remesa de versos para corregir: «¡Vaya, aquí vuelve a mandarme su ropa sucia para que se la lave!» Calumnia. O, por lo menos, maliciosa indiscreción.

Maupertuis publicó entonces un *Ensayo de cosmología* del que se mostraba sumamente ufano. En él creyó haber demostrado lo que llamó «el principio de menor acción», es decir, que la cantidad de acción necesaria para cualquier cambio en la naturaleza es siempre el menor posible. Consideraba su descubrimiento de esta nueva ley de la naturaleza como comparable o aun superior a la gravitación de Newton. Júzguese su descontento cuando otro de nuestros antiguos huéspedes de Cirey, Koenig, miembro también de la Academia de Berlín, publicó un comentario muy respetuoso asegurando que esa ley ya figuraba expuesta con toda precisión en una carta de Leibniz. Inmediatamente, Maupertuis le acusó con los peores modales de falsedad y le exigió que en el plazo de una semana aportase como testimonio la carta citada de Leibniz. Koenig aclaró que eso era imposible, pues desconocía el paradero de la carta, cuyo texto había llegado a su poder copiado por un amigo suyo ya fallecido. Con paciencia y educación intentó, sin embargo, señalar la conexión que mostraba esa ley con otros aspectos del pensamiento físico leibniziano. Maupertuis convocó una reunión extraordinaria de la Academia, formada en su mayoría por gente que le debía su sueldo, en la que se declaró a Koenig mentiroso y falsificador, notificándole su expulsión de la docta cofradía. En vano la víctima intentó protestar razonadamente en un *Aviso al público* del proceso inquisitorial que se estaba llevando a cabo contra él: su voz fue acallada por la jauría de los académicos, deseosos de halagar a su jefe y no arriesgar sus emolumentos.

El asunto me pareció indignante. Como conocía a los dos principales implicados, sabía de la rectitud y moderación de Koenig, que siempre sostuvo la igualdad ante la verdad entre todos los miembros de la república de los sabios, y no ignoraba la prepotencia de Maupertuis, convencido de que un título altisonante bajo su nombre le confería ya indiscutible superioridad intelectual. Me resultó evidente que estaba en juego no el supuesto principio de la menor acción, que fuese de Leibniz o de Maupertuis me parece equivocado, sino la libertad de investigación y expresión de los hombres de letras. A sabiendas de que iba a enfrentarme con el más alto cargo científico de Prusia, intervine en la polémica a favor no de las tesis de Koenig sino de su derecho a exponerlas sin sufrir represalias. Publiqué una *Respuesta de un académico de Berlín a un académico de París* en la que exponía los detalles del caso y dejaba claro que Maupertuis había utilizado su presidencia para tiranizar a un colega que mantenía una opinión discrepante de la suya. Mi escrito llegó en seguida a todos los círculos intelectuales europeos, dejando a Maupertuis en una situación poco favorable ante ellos. De inmediato apareció un discurso fulminante en defensa de Maupertuis, titulado *Carta de un académico de Berlín a un académico de París*. Allí se ensalzaba al presidente de la Academia como merecedor «de la gloria que Homero alcanzó mucho tiempo después de su muerte», a Koenig se le trataba de «perpetrador de libelos sin talento» y a mí se me tildaba de «miserable», de «furioso», de «enemigo despreciable de un hombre de raro mérito» y de «desdichado escritor». La *Carta* se publicó sin firma, pero venía encabezada por el escudo con las armas de Prusia: su autor tenía que ser pues el propio Federico.

Pude callarme, pero no quise. Se me desafiaba en mi campo y estaba en juego esa misma libertad de pensamiento por la que he luchado toda mi vida.

Ya que el rey ponía la espada de su poder en el platillo para desequilibrar la balanza a favor del presidente de su Academia, yo debía echar mano para atacarle del arma más poderosa, la única contra la que nada pueden las autoridades científicas ni la mismísima realeza: el humor. Nadie es más fácil de ridiculizar que quien a toda costa se empeña en ser respetado. Compuse entonces una obrita llamada *Diatriba del doctor Akakia*, en la que un crédulo seguidor de Maupertuis pretendía poner en práctica todas las peregrinas nociones que se exponían en la *Venus física*. Aunque peque de inmodestia al decirlo, creo que el resultado es de notable eficacia satírica. Leí algunos trozos en privado a ciertas personas escogidas y en seguida todo el mundo comenzó a comentar la *Diatriba* como la definitiva demolición del señor Maupertuis. El presidente, que se encontraba en cama enfermo de miedo y de disgusto por lo que se le avecinaba, recurrió a su real patrono. Federico me llamó a su presencia. Rugía de indignación. El filósofo se había borrado por el momento y sólo quedaba el rey o, aún peor, el déspota. Me ordenó de manera inapelable arrojar al fuego mi *Diatriba* delante suyo. Obedientemente me acerqué a la gran chimenea de la sala con el puñado de hojas manuscritas en la mano. Entonces Federico me detuvo y, con un punto de curiosidad en su tono severo, me pidió que le leyese la obra antes de destruirla: quedaría así como un secreto entre él y yo. Comencé a leer de la mejor manera posible, fingiendo las diversas voces de los personajes y exagerando histriónicamente las exclamaciones. Después de todo, como creo ya haberos señalado, no carezco de dotes para la interpretación teatral. Cuando había leído unas páginas, oí que Federico exhalaba una especie de bufido; levanté la vista y vi que seguía mirándome con ojos furibundos, pero ahora se tapaba la boca con la mano como para disimular una sonrisa. Proseguí mi actuación y al rato el rey se volvió de espaldas, con la cara entre las manos: noté que sus hombros se agitaban y estoy seguro de que no estaba precisamente llorando. Animado por este resultado favorable aún puse más ahínco en mi histrionismo. Al cabo reímos los dos abiertamente, yo daba zapatetas burlescas por la sala y el rey aplaudía con ganas o se apretaba los costados con las manos para reprimir el torrente de carcajadas. Cuando acabé de leer la última página, el monarca recobró con un esfuerzo de voluntad su aspecto severo y me ordenó arrojar inmediatamente aquel libelo al fuego. Pero mientras le obedecía me puso una mano en el hombro y luego gruñó que yo merecía estatuas por mis escritos y que me cargarán de cadenas por mi comportamiento como chambelán.

Como supondréis, señora, las hojas que arrojé al fuego no eran la única muestra existente de mi *Diatriba*. En ese momento ya viajaba hacia mi editor holandés una copia de la obra, que apareció impresa pocos días después. En una semana se vendieron miles de ejemplares por toda Europa. Maupertuis entró en coma al enterarse y el rey se enfureció todo lo que podéis imaginar. Había llegado el momento de despedirme de Prusia. Escribí a mi sobrina rogándole que se reuniera conmigo en la ciudad de Francfort y partí sin mayor dilación hacia la frontera. Pero al llegar a Francfort me alcanzó el largo y vengativo brazo de Federico. El residente prusiano de Francfort, que era ciudad libre del imperio, ordenó que mi sobrina y yo fuésemos encarcelados hasta devolver la cruz de chambelán, la

Orden del Mérito y sobre todo un ejemplar de las *poeshias* de su señor, como ese sayón decía. Durante un par de semanas la señora Denis y yo fuimos retenidos de mala manera, ya que las cruces y los reales versos habían sido enviados con el resto de mi equipaje hacia Estrasburgo y tuvimos que esperar a que volviesen para satisfacer la demanda que tan amablemente se nos hacía. Los secuaces del residente se incautaron de todo el dinero que llevábamos encima y mi sobrina tuvo que repeler los avances soeces de un alguacil borracho. Entretanto, se publicaban en Prusia las más injuriosas calumnias en contra mía, alentadas y algunas escritas de puño y letra por el rey. Por fin llegó el equipaje, devolví mis abalorios hasta quedar plenamente deschambelanizado y se me autorizó a partir. Días después cruzamos la frontera con Francia.

Ahora que lo pienso, tantos años después, comprendo que el rey de Prusia y yo nos separamos como dos enamorados entre quienes puede acabar el amor pero no la pasión: con gritos, insultos, devolución de cartas y regalos, ácidos reproches por la cruel traición. Durante cierto tiempo, furiosamente, procuramos hacernos el uno al otro todo el daño posible, a golpe de libelo, sátira o denuncia. Pasaron los años y, como suele, amainó la ira. Nos entró la nostalgia al uno del otro. Tímidamente comenzamos a buscar mediadores que facilitasen nuestro acercamiento epistolar. Por fin reanudamos nuestra correspondencia: ya nunca la hemos interrumpido aunque no hemos tenido ocasión o deseo de volver a encontrarnos personalmente. Federico sigue su oficio de héroe y de filósofo: un día se reparte Polonia con Catalina de Rusia y al día siguiente acoge en Berlín a algún sabio perseguido por los devotos o propone al señor Diderot editar la Enciclopedia en suelo prusiano si le es imposible conseguirlo en Francia. Cuando hace poco unos cuantos hombres de letras iniciaron en París una suscripción para erigirme una estatua esculpida por Pigalle, Federico fue de los primeros y más generosos contribuyentes a tal perpetuación de mi triste esqueleto. Es consecuente con su antigua opinión de que mis obras merecen monumentos y mi conducta cadenas... Por lo demás, yo fui el primero hace cuarenta años en apellidarle para la Historia: Federico el Grande. Me atrevo a creer, señora, que hubo algo más que adulación en la elección de ese calificativo y que los historiadores de mañana no me lo rechazarán.

VOLTAIRE

Madrid, septiembre de 177...

¿Sabíais, amigo mío, que el duque de Alba, quizá la figura más destacada de la nobleza española, ha enviado también veinte luises de oro para contribuir a vuestra estatua? Siempre que tiene ocasión y que se halla entre personas de bien, el duque habla con gran reverencia de vos y no le importa proclamar que conoce muy a fondo vuestras obras. Su rancio abolengo le pone (¿por el momento?) a resguardo de las represalias clericales.

Me parece muy adecuado que os levanten estatuas, siempre que no sea a caballo. No soportaría veros *ecuestre...* Yo os representaría sentado ante vuestra mesa de trabajo, pero no escribiendo sino tomando una taza de café mientras charláis con algún visitante. En bata, claro, y con la cabeza cubierta por ese gorro de lana al que todos los que han tenido la suerte de veros personalmente nunca dejan de referirse. Sólo para los ignorantes resultaríais así demasiado burgués: los demás sabemos que tal es la imagen del nuevo héroe moderno, esgrimiendo su afilada ironía y blandiendo la pluma en el doméstico campo de batalla donde ha de decidirse la suerte de nuestro siglo.

Pero vuestro verdadero monumento no lo harán ni Pigalle ni Houdon; su materia no será el mármol ni el bronce. Vos mismo os lo habéis levantado, con vuestro talento y abarca ya muchos volúmenes. Yo tengo la suerte de disfrutarlo una y otra vez en mi gabinete, mientras espero esos otros pequeños bustos epistolares que me hacéis el honor de enviarme. No os quiero en estatua; os querría en carne, hueso y voz: pero me conformo teniéndoos por escrito. Por cierto, la letra de las cartas que me enviáis es muy bella, firme y regular; como difiere de los trazos de la firma, supongo que no es de vuestra mano. Os honra, en cualquier caso, porque tiene la misma claridad y elegancia que vuestro pensamiento.

Durante vuestra estancia en Prusia os dedicasteis a componer obras históricas y creo que habéis proseguido luego esa tarea. Sin embargo, yo no conozco ninguna de ellas, ni siquiera *El siglo de Luis XIV*, del que tanto he oído comentar. Francamente, me aburre la historia. Todo son matanzas llamadas hazañas, expolios denominados conquistas, alianzas presentadas como matrimonios e insubordinaciones de la plebe tituladas revoluciones. Me interesa tanto la vida de los grandes hombres como vos o mister Newton cuanto me fastidia la epopeya de los rebaños nacionales y sus pastores, que suelen ser también sus matarifes. Por favor, decidme si me equivoco pero seguid amándome aunque así sea.

CAROLINA

Ferney, septiembre de 177...

No os preocupéis, amable amiga: no tendréis que verme inmortalizado en piedra sobre un brioso corcel. Sería impropio aunque el caballo fuese tan espléndido como dicen que resulta ser el que Falconnet ha esculpido para el monumento al gran zar Pedro por encargo de Catalina de Rusia. Me gustaba la equitación cuando mis piernas no me temblaban tanto como hoy, pero he galopado mucho más por los salones y por los escenarios que al aire libre. El señor Pigalle ha venido a verme aquí, en Ferney, y desde luego no me imagina *ecuestre*, como vos decís: se inclina a representarme más bien yaciendo en una camilla o incluso envuelto en un sudario. Voy a ser inmortalizado moribundo. Es lo más apropiado si bien se mira, porque tal ha sido mi estado habitual desde mi más tierna infancia.

Mi buen amigo Argental, el último ángel guardián que me queda después del fallecimiento o la dimisión de tantos otros, me había comunicado ya el donativo de vuestro duque de Alba para la estatua y me insiste para que se lo agradezca personalmente con unas líneas. Aún no me he decidido a ello pues se supone que yo no debería conocer a los mecenas de mi monumento. Éstas son las ridiculeces de ser tratado en vida con honores de difunto. Creo que lo mejor en este caso será hacerme el muerto; o aún mejor, morirme de veras, solución que con mi permiso o sin él ya no puede hacerse esperar.

Las líneas que debería escribir al duque de Alba y aún no le escribo, así como éstas que con tanto agrado os envío para que las acariciéis con esos ojos que ya no me será dado conocer, no provienen de mi mano. Tengo el pulso demasiado tembloroso desde hace años y mi vista es malísima; en verano aún puede pasar pero a partir de noviembre me quedo ciego como un topo hasta la llegada de la primavera. No es gran pérdida porque así me ahorro contemplar el glaciar inmenso en que durante esos meses se convierte este olvidado rincón suizo en el que paso ya no mis últimos años, sería presuntuoso a mi edad hablar de años, sino mis últimos días o mejor mis postreros momentos. El amanuense cuya letra con justicia elogiáis se llama Juan Luis Wagniére y es mi secretario desde hace treinta años. Sigue siendo empero un hombre joven, pues entró a mi servicio a los quince años, y me atrevo a asegurar que es modelo de secretarios. No he tenido junto a mí a nadie más honrado, más discreto ni más fiel. Ahora se resiste a transcribiros estos elogios merecidos porque nunca antes tuve ocasión de hacerlos públicos sino verbalmente: me alegra que la obediencia amistosa que me debe le obligue hoy a trazar de su puño y letra su propio panegírico.

No puedo corregir vuestra opinión sobre la historia porque en gran medida es también la mía. Pero os hago una salvedad: os referís a los libros de historia que habitualmente se escriben, no a los que se podrían escribir o a los que ya han escrito en nuestro siglo algunos ilustres ingleses. ¿Habéis leído por ejemplo los comentarios sobre historia de Inglaterra del señor Hume? ¿O la crónica de los últimos años del imperio romano que ha compuesto con incomparable elocuencia el señor Gibbon? Aunque no pretendan igualarse con tales obras, os envío mis propios modestos esfuerzos en ese campo: mi libro sobre el reinado de Luis XIV, mi relato de la guerra de 1741 y sobre todo mi ensayo sobre las costumbres y el espíritu de las naciones desde Carlomagno hasta Luis XIII. Disculpad que parezca querer abrumaros con este regalo demasiado copioso. No intento apoderarme de todo vuestro tiempo como mi amigo Federico II hubiese querido apoderarse de Austria o Polonia. Bastará con que leáis unas cuantas páginas para que advirtáis la diferencia que existe entre mi propósito al escribirlas y el de otros historiadores antiguos y modernos. Después, si vuestro fastidio ante ese género sigue incólume, podéis abandonarlas sin remordimiento. En todo caso abusaré un poco ahora de vuestra paciencia exponiéndoos mis principios sobre este asunto: recordad que lo hago para complaceros y no para catequizaros.

La mayoría de los historiadores han escrito para halagar la vanidad de los reyes y el orgullo patriótico de las naciones. Por eso sus crónicas son una galería de gloriosos expoliadores coronados, saqueadores de provincias a toque de clarín, cargas de caballería, regios matrimonios de conveniencias, alianzas y traiciones, etc... Apenas se concede una mención a las costumbres de los ciudadanos, a los inventos que han hecho más cómoda la vida y más provechosa la industria, al comercio que enriquece a los pueblos de forma más segura que las conquistas. Los héroes militares se parecen todos unos a otros como las tormentas o las hambrunas: sólo difieren en la cuantía de los daños que causan. En cambio hay otros héroes a quienes los historiadores habituales no suelen conceder atención y que, sin embargo, son mucho más diversos y fructíferos: los grandes pensadores que han combatido los errores humanos, los inventores, los artistas que han embellecido la triste brevedad de la vida, los legisladores que han organizado sabiamente las sociedades, los científicos que ayudan a comprender el mundo natural y a dominarlo, etc... De los héroes que primero he mencionado le vienen a los individuos y a los pueblos sus males; de estos otros héroes les llega lo que hace la vida próspera y placentera.

En mi opinión, hay que escribir la historia desde un punto de vista filosófico. No simplemente para satisfacer la curiosidad por el pasado o por lo que ocurre en lugares remotos, sino sobre todo para desarrollar la razón y mejorar nuestras costumbres. De los males memorables hay que sacar escarmiento para no volver a propiciarlos: ¿recordáis, amiga mía, que el protagonista de uno de mis cuentos se llama precisamente Scarmentado? Quien lee libros de historia escritos filosóficamente acaba Scarmentado también, pero sin haber sufrido en su propia carne desastres y fechorías. En mis obras procuro conceder más importancia a la suerte general de los hombres que a las revoluciones del trono. Pues es al género humano al que hay que conceder prioridad al escribir historia: frente a esa gran asamblea cada historiador debe decir *homo sum*, en lugar de contentarse con narrar batallas. Es preciso desechar mucho material tosco e informe, rivalidades entre monarcas, asesinatos por usurpación, esas negociaciones interminables entre países que no son por lo común sino bellaquería inútil. Hay que concentrarse en aquello que sea relevante para trazar el despliegue de la mente humana a través de los siglos. ¿Creéis, señora, que también esto es una mera pérdida de tiempo y energía?

Algunos de los mejores historiadores han compuesto crónicas que nada tienen que ver con la hagiografía vulgar de los monarcas, pero cuya última motivación filosófica tampoco comparto. Por ejemplo Tácito, quizá el más admirable analista de los sucesos de su tiempo, que tenía el empeño de desacreditar al género humano mostrando sin piedad ni alivio todas sus atrocidades. Como no ignoráis, señora, no soy un entusiasta arrebatado de nuestra especie, de la que deploro su estupidez y su crueldad, y considero un deber denunciar los fanatismos producidos por la primera de estas lacras y que incitan a la segunda. Una antigua fábula persa cuenta que el primer hombre y la primera mujer fueron creados en el cuarto cielo y convivían con los ángeles. Cierto día comieron un pastel en lugar de la habitual e impalpable ambrosía y sintieron ganas de evacuar lo ya digerido. Preguntaron a uno de los ángeles dónde se encontraba el retrete del universo y les fue señalado un pequeño y maloliente planeta: era el nuestro. Puede que no seamos más que los ínfimos usuarios de una despreciable cloaca. Sin embargo, también me parece importante recordar que muchos individuos han dado muestras de suficiente ingenio y generosidad a lo largo de los siglos como para que no perdamos el respeto a nuestros semejantes. Nada se gana humillando genéricamente a la humanidad que todos compartimos. Habría que comportarse con el género humano al modo como solemos tratar a los hombres en particular. Si un canónigo lleva una vida escandalosa, se le dice: «¿Será posible que deshonréis la dignidad de canónigo?» Se le recuerda a un togado que tiene el honor de ser consejero del rey y que por tanto debe dar ejemplo. A un soldado se le dice, para darle ánimos: «¡Acuérdate de que perteneces al regimiento de Champagne!» Deberíamos poder decir a cada individuo: «Recuerda tu dignidad de hombre.»

El obispo Bossuet escribió su historia universal para probar que todo puede explicarse por los designios de la Providencia. El principal de tales designios, según él, convierte al pueblo judío en el eje en torno al cual han girado los acontecimientos humanos desde el día de la Creación, fecha que a Bossuet le parecía confortablemente próxima. Lamento no poder estar de acuerdo con un autor tan piadoso y tan elocuente. No creo que las causas finales sirvan para dar cuenta de la complejidad de nuestras peripecias: más bien me parece que éstas son el resultado de miles de pequeñas causas eficientes, colaborando y oponiéndose unas a otras sin ningún plan preestablecido. Las acciones y deseos humanos fabrican la historia pero no la historia que planeamos sino otra que a menudo nos contradice y siempre nos sorprende. El único resorte natural cuya intervención podría parecerse algo a lo que monseñor Bossuet supone que hace la Providencia es un cierto amor al orden que anima en secreto al género humano y que le ha prevenido en muchas ocasiones de su ruina total.

La idea de que Dios tenga un pueblo elegido en el conjunto de la humanidad es tan ridícula como suponer que Él usa pantuflas o que muestra preferencias por el agua frente al fuego. Pero la idea de que tal pueblo elegido pudiera ser el judío me resulta especialmente inepta. No sé lo que ocurría en los tiempos próximos a la Creación que tan familiares son a Bossuet, pero desde luego en épocas más recientes los judíos han formado una de las naciones más supersticiosas e incultas de la tierra, sin obras de arte, sin legisladores distinguidos, sin otra literatura que las leyendas de su mitología monoteísta, sin otra habilidad cívica que la usura ni mejor influjo histórico que su nefasta soltura para contagiar sus delirios cosmológicos a otros pueblos. Si el Espíritu Santo sigue conservando su afición por ellos será por estar mal informado, como temo que a este respecto le ocurra al sabio Bossuet. En mi *Ensayo sobre las costumbres* me he preocupado en cambio por naciones como las de los chinos, los indios o los musulmanes, a las cuales solemos desconocer como si estuviesen en estado de barbarie cuando en realidad tienen leyes, artes y ciencias que pueden competir ventajosamente con las de los países europeos más avanzados. Suponer que Dios se desentiende de ellas porque no veneran a Jehová ni han oído hablar de Cristo y que los historiadores debemos hacer por tanto lo mismo es un triste prejuicio contra el que he querido combatir. China en particular me parece una monarquía ilustrada que podría servir de modelo a muchos reinos europeos. Confucio enseñó a su pueblo los principios de la virtud quinientos años antes de la fundación del cristianismo: merece el título de «santo» mucho más que los torvos cristianos que suelen ostentarlo. Hace poco tiempo se tradujeron al francés dos poemas del actual emperador chino, Ch'ien Lung, y yo le envié también en verso mi admiración por ellos y por su pueblo. Me lo agradeció con un hermoso jarrón de porcelana que preside uno de mis salones de Ferney.

Señora, la tierra es un vasto escenario en el que

una misma tragedia se interpreta bajo nombres diferentes. La ambición, la avaricia, el egoísmo, la vanidad, la amistad, el amor, el afán de conocer, la generosidad y el espíritu público: tales pasiones, combinadas en dosis diferentes y distribuidas socialmente de forma diversa han sido desde el comienzo del mundo y siguen siendo la fuente de cuantas empresas ha realizado la humanidad. Quien desee conocer los sentimientos, inclinaciones y derroteros de la vida entre los griegos o los romanos no tiene más que estudiar el modo de ser y de obrar de los franceses o los ingleses de hoy: no podrá equivocarse mucho si transfiere a los primeros la *mayoría* de las observaciones que haya hecho sobre los segundos. El comportamiento humano es muy semejante en todas las épocas y en todas las latitudes. Se repiten los errores y los crímenes, así como también los esfuerzos en pos de hacer la vida más agradable y las costumbres más suaves. Los efectos de la superstición son muy variados, mientras que los de la razón siempre son idénticos. Podemos aventurar como regla general que cuando un uso o una creencia no tienen mejor argumento a su favor que sus raíces tradicionales, su antigüedad real o supuesta, pertenece al orden del capricho o del fanatismo, pero nunca de la cordura. Las buenas leyes y los sentimientos de utilidad pública siempre pueden justificarse racionalmente, sea nuestro interlocutor blanco, amarillo o negro.

En Europa ha habido si no me equivoco cuatro épocas que podemos llamar dichosas por comparación a otras, atendiendo al desarrollo que en ellas tuvieron los conocimientos y las formas políticas: el siglo de Pericles y Platón en Grecia, el de César y Cicerón en Roma, el de los Médicis en Florencia y el de Luis XIV, Corneille y Racine en Francia.

Siempre han sido épocas en las que ha predominado el espíritu crítico frente a las tradiciones y la vocación arriesgada de crear acompañada de un fuerte deseo de orden y firmeza. Esos siglos dorados han estado separados por edades oscuras, en las que imperaba la fe en lo inverosímil, la crueldad pública, la persecución de quienes pensaban de modo diferente (que muchas veces eran los únicos que pensaban), la rutina y el pánico ante lo nuevo. El esplendor de las iglesias y sus inquisidores señala siempre como sello inequívoco estas épocas tenebrosas; lo que los devotos califican como «impiedad» caracteriza a las otras. Quizá me preguntéis cómo valoro el siglo que vivimos. Para mí, es el momento del gran combate en Europa entre sombras y luces. Estamos en una edad de ilustración, pero aún no en una edad ilustrada. La intolerancia y la superstición retroceden en todas partes pero aún distan mucho de estar vencidas. Yo procuro siempre dar voces de ánimo a quienes luchan contra la infamia pero en modo alguno estoy seguro de que nuestro triunfo final vaya a ser ineluctable según creen algunos jóvenes amigos a los que estimo mucho, como el marqués de Condorcet. De vos para mí, señora, no descarto una recaída en la sinrazón bárbara que ahora, vacunada como está contra la razón por el forcejeo sostenido con ella, sería más peligrosa y duradera que nunca.

    Los optimistas, cuyo filósofo de cabecera es el señor Leibniz, dicen que en este mundo *todo está bien*. Pienso que el optimismo es desesperante. Se trata de una filosofía cruel bajo un nombre consolador. Si aquí todo está bien, mientras todos sufrimos, podríamos pasar aún por mil mundos en los que se siguiera sufriendo y todo seguiría sin embargo estando bien. Iríamos de desdicha en desdicha y habría que decir «mejoramos». No, hay muchas cosas que están mal sobre la tierra. De unas somos responsables y de otras ciertamente no. Me parece una burla decir que diez mil infortunios componen una felicidad: lo cierto más bien es que de diez mil hombres apenas uno querría volver a comenzar su carrera, pasando de nuevo por todo lo que ha padecido. Por eso todas las religiones en todas las épocas aseguran persuasivamente que la obra de Dios ha sido alterada y que el hombre sufre las consecuencias de una caída original. Esta doctrina concluye que, puesto que hay mal en el mundo, la naturaleza humana debe haber sido corrompida y merecemos una reparación venidera. Tampoco logra convencerme este razonamiento. Las miserias de la vida, filosóficamente hablando, no logran probar mejor la caída del hombre de lo que las miserias de un caballo de tiro prueban que en tiempos remotos todos los caballos de tiro estaban fuertes y bien alimentados, sin recibir nunca latigazos, hasta que uno de sus antepasados comió demasiada avena y todos sus descendientes fueron condenados a tirar de carros.

Nuestras desventuras no provienen de ninguna maldición bíblica sino de lo irremediablemente frágil de nuestra condición natural y de disparates y abusos que las sociedades consienten. La primera fuente de males no admite enmienda pero la otra ciertamente sí. El hambre, la peste y la guerra son tres de los ingredientes más famosos de nuestro bajo mundo. Quizá las dos primeras sean regalos de esa Providencia a la que tanto veneraba el obispo Bossuet. Pero la tercera, que convoca también la presencia de las otras dos, es fruto de la imaginación caldeada de doscientas o trescientas personas repartidas por el mundo bajo el título de príncipes o ministros. Mientras éste siga siendo el monstruo que despedaza a las multitudes, los filósofos moralistas que se dedican a condenar unos cuantos alfilerazos particulares pueden quemar sus libros; en tanto sea el capricho de unos pocos individuos el que haga degollar legalmente a millares de nuestros hermanos, la parte del género humano dedicada al heroísmo militar será lo más espantoso de la naturaleza entera. Para qué sirven y qué me importan la humanidad, la beneficencia, la modestia, la templanza, la dulzura, la sabiduría, la piedad, cuando media libra de plomo tirada desde una distancia de seiscientos pasos me destroza el cuerpo y muero con veinte años entre tormentos inenarrables, en medio de otros cinco o seis mil moribundos, en tanto mis ojos, que se abren por última vez, ven la ciudad en la que he nacido destruida por el acero y por las llamas, y los últimos sonidos que oyen mis oídos son los gritos de las mujeres y de los niños que expiran bajo las ruinas, todo para servir a los pretendidos intereses de un hombre al que no conocemos... Lo peor es que si bien se mira todos los hombres han adorado a los dioses de la guerra: entre los judíos, por ejemplo, Sabaoth significa el dios de los ejércitos; menos mal que la Minerva de Homero, en la *Ilíada*, dice que Marte es un dios furioso, insensato e infernal.

En mi bosquejo de historia universal he señalado los infinitos males que el fanatismo religioso ha traído a los hombres, en todas las épocas y en todas las culturas. Las mayores crueldades, las matanzas más atroces se han perpetrado siempre por motivos religiosos y con la bendición de untuosos clérigos. Una terrible amenaza resuena en muchos idiomas a lo largo de la historia: «¡Piensa como yo o muere!» Ningún filósofo puede sumarse a ella sin deshonrarse para siempre ante la humanidad. Pero los males que la religión ha persuadido a cometer no son sólo decapitaciones, quema de herejes, noches de San Bartolomé, sacrificios humanos, etc...: también ha producido otros daños, de índole intelectual. La autoridad de los teólogos ha perseguido el conocimiento y ha estancado o impedido el desarrollo de las ciencias. El desventurado país en el que habitáis, señora, es una buena prueba de lo que digo. Hay que atribuir al Tribunal de la Inquisición, a la que habría que denominar «maldita» y nunca «santa», la profunda ignorancia de la sana filosofía en la que siguen hundidas las escuelas de España, mientras que en Alemania, Inglaterra, Francia o incluso Italia se han descubierto tantas verdades y se ha ampliado tan notablemente la suma de nuestro saber. Nunca la naturaleza humana queda tan envilecida como cuando la ignorancia supersticiosa se ve dotada de poder. Para reforzar la credulidad popular en lo sobrenatural, a la que deben los clérigos su nefasta influencia, los historiadores religiosos llenan sus crónicas de milagros y portentos. No hay maravilla del pasado para la que no se aduzca el testimonio de mil anónimos o desaparecidos testigos. Se deja entender así que siguen pasando en nuestro tiempo idénticas alteraciones de las leyes de la naturaleza. En mi relato histórico he descartado lo imposible y puesto muy en duda lo inverosímil: creo que las vírgenes han dado a luz tan raramente a comienzos de nuestra era como hoy y desconfío de que el mar haya sido alguna vez tan cortés como para abrir paso a quienes querían cruzarlo a pie enjuto. En general, pongo en tela de juicio cualquier testimonio que flagrantemente sea contrario al sentido común o a la experiencia que hoy tenemos de los asuntos humanos. Me oriento por el principio de que la incredulidad es la base del conocimiento. Esta actitud me ha ganado muchas críticas y no sólo por parte de los curas. El barón de Montesquieu ha tenido a bien declarar: «Voltaire es como los monjes que escriben, no en aras del tema que tratan, sino para la gloria de su orden: escribe para su convento.» Tampoco ahora estoy de acuerdo con ese gran manipulador de citas y desordenado escritor. Si he recalcado en mis obras históricas los pecados del cristianismo no es por afán sectario, sino porque aún hoy la mayoría los ensalza como virtudes. Muchos autores contemporáneos siguen alabando las cruzadas contra los albigenses, la ejecución de Jan Huss y hasta la matanza de la noche de San Bartolomé como hazañas, de modo que el mundo necesita al menos una crónica que califique esos actos como fechorías contra la humanidad y contra la verdadera moral.

Una de las prácticas más abominables de todos los tiempos, que aún perdura en el nuestro, es la esclavitud. En 1757, o sea como quien dice ayer, en la colonia francesa de Santo Domingo vivían treinta mil blancos y cien mil esclavos negros o mulatos, que trabajan en las plantaciones de azúcar, en las de índigo o de cacao, y que abrevian su vida para satisfacer nuestros nuevos apetitos y artificiales necesidades, que nuestros padres no conocían. Esos esclavos se compran en Guinea o en la Costa de Oro por un precio algo inferior al de un buey gordo. Les decimos que son hombres como nosotros, que han sido rescatados del pecado al precio de la sangre de un Dios hecho hombre y muerto por ellos, pero luego les hacemos trabajar como bestias de carga y los alimentamos peor que a éstas. Si se quieren escapar se les corta una pierna y luego se les pone a hacer girar a brazo los molinos de azúcar, después de ponerles una pata de madera. Y seguimos atreviéndonos a pesar de todo a seguir hablando del derecho de gentes.

No, amiga mía, no soy un revolucionario. Estoy convencido de que la igualdad absoluta entre los hombres no sólo es imposible sino también indeseable. Creo que parte de la humanidad debe trabajar con sus brazos y que no todos pueden aspirar a los refinamientos de la educación ni a las delicadezas de la filosofía: pero ningún hombre debe ser tratado por los hombres como un animal, ni carecer de derechos y de protección. ¿Cuál es la mejor de las formas políticas? ¿Es preferible un estado monárquico o un estado republicano? Hace cuatro mil años que se debate esta cuestión. Preguntad a los ricos, ellos siempre prefieren la aristocracia; interrogad al pueblo y os responderá que quiere la democracia: sólo los reyes son partidarios de la realeza. ¿Cómo puede ser entonces que casi toda la tierra esté gobernada por monarcas? Preguntádselo a los ratones que propusieron un día colgarle el cascabel al gato. Pero me parece que la verdadera razón es, como tantos han dicho ya, que los hombres son raramente dignos de gobernarse a sí mismos. Nunca ha habido gobierno perfecto, porque los hombres tienen pasiones; si no las tuviesen, no necesitarían gobierno. El más tolerable de todos en teoría es sin duda el republicano, porque es el que más acerca a los hombres a su igualdad natural. Todo padre de familia debe ser amo en su casa y no en la de su vecino. Como una sociedad está compuesta de diversas casas y familias, es contradictorio que un solo hombre sea dueño de todas las casas y los terrenos. Me parece natural que cada uno de esos hombres libres tenga voz y voto por el bien de la sociedad. El gobierno civil debe ser la voluntad de todos ejecutada por uno o por varios en virtud de leyes que los miembros de la sociedad han establecido. Entre los antiguos, «político» quería decir «ciudadano»; hoy «político» significa «el que engaña a los ciudadanos». Hasta que esa palabra no recupere merecidamente su sentido prístino, poco importa la forma de gobierno que prefiramos para cada país. Por lo demás, creo que la libertad de pensamiento y la libertad de comercio son la base de la prosperidad de las naciones. Pero, ay, os lo repito de nuevo: lo difícil no es teorizar sino colgarle el cascabel al gato.

Sin embargo, pese al terrible espectáculo que ofrece la historia humana y que aún vemos en torno a nosotros, no creo que la mayoría de los humanos seamos malvados. De los mil millones de hombres que habitan quizá hoy la tierra, al menos quinientos son mujeres que se ocupan de coser, hilar, alimentar a sus pequeños, mantener su casa y que cotillean un poco de sus vecinas, pero escaso mal pueden hacer al conjunto de los demás. Tampoco son dañinos los doscientos millones de niños, que ni roban ni matan, así como los muchos ancianos o enfermos que ya no tienen capacidad para ello. No deben quedar más de cien millones de personas jóvenes y robustas, capaces de cometer crímenes. De ellos, el noventa por ciento se preocupa de trabajar la tierra y producir industrias, proporcionando a todos alimento y vestido. No tienen ni deseo ni tiempo de hacer el mal a gran escala. De los diez millones restantes, habrá gente ociosa y de buena compañía, dedicada al estudio o a los placeres, así como magistrados, profesionales, filósofos, etc... Incluso sacerdotes que pretenden llevar realmente la vida pura y sencilla que preconizan para los demás. Ni siquiera la mayoría de los fanáticos pone en práctica las aberraciones a las que dice rendir culto: la humanidad sería muy desdichada si fuera tan común cometer atrocidades como creer en ellas. Los verdaderos malvados entonces no son más que algunos políticos de diversa índole empeñados en turbar la paz del mundo y unos cuantos miles de vagabundos, matones y facinerosos dispuestos a entrar a su servicio. No creo que lleguen a sumar un millón e incluyo en la nómina a los asaltantes de caminos. De modo que en el peor de los casos no pienso que pueda considerarse malvado a más de un ser humano de cada mil.

Hay pues mucho menos mal en la tierra de lo que se dice o lo que se cree. Hay todavía demasiado, sin duda: se ven desdichas y crímenes horrorosos; pero el placer de quejarse y de exagerar es tan grande que al menor arañazo grita uno que el mundo entero rebosa sangre... Si alguien nos engaña una vez, consideramos que el planeta está habitado exclusivamente por perjuros. De este modo, un espíritu melancólico que ha sufrido una injusticia ve el universo entero cubierto de condenados y demonios, lo mismo que el joven voluptuoso que cena con su amada al salir de la ópera no imagina que haya infortunados y sostiene, como Leibniz, que *todo está bien.*

VOLTAIRE

Azcoitia, septiembre de 177...

En esta ocasión mi carta (supongo que ya tembláis al adivinar mi letra, porque sabéis que no dejaré de azuzaros con nuevas preguntas y requerimientos) no os llega desde Madrid sino que procede de un pequeño lugar de Vasconia. Su tono espero que sea alegre pues mi señor esposo y yo estamos pasando unos días deliciosos en estas benditas tierras y mi ánimo mejora en cuanto abandono la capital castellana. Nuestro huésped es un buen amigo de don Íñigo que asegura serlo también vuestro: don Joaquín de Eguía, marqués de Narros. Es persona muy distinguida y elegante, aunque de gustos algo llamativos: siempre acude a cenar vestido con una notoria casaca rosa. Sin duda os admira y os elogia pese a estar algo molesto con vos porque dice que desde hace meses espera carta vuestra. No me he atrevido a comentar la fluidez de nuestra correspondencia, pero me he enorgullecido y os he adorado aún más en silencio.

Estas tierras vascongadas poco tienen que ver con el atraso y abandono de otras regiones de España. Campos bien cultivados, arbolado abundante, caminos en muy buen estado, aldeas limpias; los mesones tienen las camas y restantes muebles dispuestos con perfecta pulcritud pero destacan sobre todo por su comida, que es abundante y de insólita calidad. Abundan los festejos populares y la gente es bulliciosa sin alboroto, muy aficionada a bailes públicos en las plazas al son del tamboril y de una suerte de pito o flautilla peculiar. Por todas partes hay muestras de prosperidad, pero como llana e igualada, sin exhibiciones de opulencia que contrasten con la miseria de otros. Entiendo que estas provincias gozan de un régimen administrativo distinto al resto del país y sin duda lo aprovechan bien.

Pero lo más notable es el afán de conocimiento y libertad que se hace notar entre los vascos. Ayer estuvimos en San Sebastián, un precioso puertito pesquero muy próximo a la frontera francesa: allí circulan abiertamente vuestros libros y los de otros autores ilustrados franceses o ingleses, se oyen cantar coplas anticlericales y me han hablado de un café en el que tienen lugar tertulias donde las charlas son bastante indómitas. Aquí, en Azcoitia, se reúne un grupo de caballeros que ha formado lo que llaman la Sociedad Vascongada de Amigos del País, de la cual forman parte destacada el marqués de Narros, el conde de Peñaflorida, don Ignacio Altuna y muchos otros. Se trata de una institución muy original, que es algo más que una tertulia y menos que una academia. Se reúnen cada día de la semana en torno a un tema de estudio y debate: el lunes, matemáticas; el martes, física; el miércoles, lectura de obras de historia y de libros extranjeros traducidos por ellos mismos; el jueves y el domingo, un pequeño concierto; el viernes, geografía y el sábado discuten animadamente la actualidad política de España y de Europa. Invitan con frecuencia a sabios de otros países para que expongan ante ellos sus ideas y descubrimientos. El tono es familiar dentro de las normas de buena compañía y muy libre, aunque siempre barnizado de discreción. Por toda la Vasconia se dan casos de semejante afición a las luces: quizá el más chocante sea el de la minúscula Vergara, que cuenta con menos de doscientas casas y con casi una docena de suscriptores de la Enciclopedia en la que vos mismo habéis colaborado con los señores Diderot y D'Alambert.

Supongo que la proximidad con Francia mucho tiene que ver con el excelente desarrollo del espíritu moderno en esta región afortunada. Pero no creáis que se trata de una afectación de la moda ni que aquí se juega con las nuevas ideas para deslumbrar a los papanatas: por el contrario, se prefiere siempre prestar atención a aquellos conocimientos que pueden tener mayor utilidad para mejorar los cultivos, la pesca y las artes industriales. Se ama la libertad de espíritu pero rara vez acompañada de afán de provocación y casi siempre unida al sentido común. Si no me equivoco, de estas provincias ha de brotar el modelo y el empuje para que España salga del atraso inquisitorial que con razón denunciáis y se ponga a la par con las más cultas naciones europeas. También aquí, no os lo oculto, existen fuerzas retrógradas. Me dicen que no faltan los dogmáticos de establo, enemigos de cuanto no sea iglesia y caserío, que denuncian como manejo satánico todo lo que proviene de fuera, venga de Madrid o de París. Pertenecen a la vieja estirpe tradicional española, que maldice cualquier cosa de hoy si no repite el ayer y desconfían de mañana. Hago votos por que tales palurdos no prevalezcan.

Las reuniones en casa del marqués son muy entretenidas. Como ha estudiado en Salamanca y Zaragoza, don Joaquín mantiene una ferviente animosidad contra el atraso de la universidad española. Ayer nos contó el caso del profesor Salas, de Salamanca, culpable de haber adoptado los principios de filósofos tan dañinos como Rousseau y... Voltaire. El arzobispo de Santiago, don Felipe Vallejo, que antes lo había sido de Salamanca, le guardaba resentimiento por unas discusiones literarias en su cátedra de las que no había salido bien parado y se las arregló para que acabase en los calabozos de la Inquisición. Los colegas de la facultad salmantina de derecho han apoyado al arzobispo, argumentando que para explicar leyes no necesita ningún doctor de Salamanca valerse de producciones foráneas, pues les basta con ser baluarte inexpugnable de la religión. El tonillo de esos sabios es inconfundible. Un profesor también salmantino rechazó ante sus estudiantes la obra de Rousseau arguyendo que «esa doctrina no se enseña en Salamanca, luego es falsa, tumultuaria e indigna de que yo deba contestarla». ¡Refutada queda, pues! Y don Pedro de Castro, doctor de la universidad sevillana, recusó la opinión de Beccaria acerca de que no confesar bajo tormento no demuestra más que la resistencia para tolerarlo con este donoso razonamiento: «Yo niego esta mayor; y la razón de negarla es que no confesar no es ente y del no ente ninguna son sus propiedades.» Etc., etc...

Con tales chascarrillos académicos pasamos la velada, riendo aunque con cierta amargura. Yo obtuve un pequeño éxito leyendo el siguiente párrafo de *El casamiento de Fígaro* escrito por el señor Beaumarchais, que fue muy celebrado por su irónica justeza: «Me comunican de Madrid que se ha establecido un nuevo sistema de libertad de prensa, y que con tal de que no se hable de la autoridad, ni del culto, ni de política, ni de moral, ni de las gentes importantes, ni de los espectáculos se puede imprimir todo bajo la inspección de dos o tres censores.» Podría haberos citado a vos mismo, que tenéis escrito: «Existe siempre a las puertas de Madrid la aduana de los pensamientos, donde éstos son decomisados como las mercancías de Inglaterra.»

Más adelante, nuestro coloquio alcanzó niveles de osadía que bordearon la impiedad. Juzgad vos mismo: ¿no es insigne atrevimiento pensar que la pobreza general disminuiría si se redujera el número de sacerdotes y de frailes, para destinar una parte de los bienes eclesiásticos al socorro de los miserables o a la construcción de grandes obras de utilidad pública? ¿no es tremenda audacia juzgar injustificados y dignos de revisión los privilegios de la nobleza, fundados antaño en la razón y hoy en el abuso, o censurar el régimen de los mayorazgos, que arruinan a tantos hijos de familias nobles en beneficio exclusivo de un primogénito a veces disoluto? ¿y no es ya semiherético confrontar, frente a una colección de fósiles que amueblan el estudioso silencio de un gabinete de historia natural, las opiniones del señor Buffon con las creencias tradicionales en el Génesis y el Diluvio Universal? Pues lamento informaros de que todas esas cuestiones ocuparon nuestro simposio impío. Nos ilustramos unos a otros, pero no olvidamos también reír de buen grado. ¿Os escandalizo? ¿O hubiérais querido formar parte de nuestra amena cuadrilla?

Sosegaos: estuvisteis presente. En el tono, en las ideas, en nuestro humor. Y también como tema de especulaciones. Quienes somos devotos vuestros nos hacemos sobre vos preguntas propias de teólogos. ¿Hay un Voltaire o tres en un solo cuerpo? ¿Ama a sus criaturas, las tolera o las ignora compasivamente? Las escuelas de volteriólogos discuten y se excomulgan entre sí. Ayer por la tarde se debatieron varias importantes perplejidades: ¿cuál es la relación de Voltaire con los autores de la *Enciclopedia*? ¿es uno más de ellos o es más que uno de ellos? ¿cuál es vuestra religión, pues los presentes coincidimos en que no sois ateo —lo que os privaría de todas— ni tampoco Dios, lo que os dispensaría de cualquiera? Y un enigma final: cuando repetís vuestro lema a la par secreto y universalmente conocido de «¡aplastad al Infame!», ¿a qué Infame os referís? Disculpad mi ya demostrada curiosidad, pero los demás no comparten mi suerte de poder depositar las preguntas a los pies de nuestro ídolo para esperar razonablemente respuestas, bendiciones y sonrisas.

CAROLINA

Ferney, septiembre de 177...

Me congratulo de las noticias que me hacéis llegar desde Vasconia. Hace tiempo yo creía que los vascos no eran más que rústicos pastores que danzaban por los Pirineos, hablando entre sí y con sus vacas en un idioma que nadie más podía entender. Me sacaron de mi error el señor Altuna, el marqués de Narros y otros no menos ilustres representantes de un vasco diferente, más apto para servirnos de modelo hacia el futuro que empeñado en rememorar las muecas atávicas del pasado. Protesto sin embargo ante la acusación de descuidar los deberes de mi correspondencia con don Joaquín: hace casi un mes que respondí a su carta y le envié la mía a Azcoitia por Bayona. Estoy dispuesto a escribirle de nuevo pero no me resigno a que se me tenga por desatento con tan amable caballero. Vos misma podéis atestiguar, señora, que cuando amo a alguien no le doy motivos de queja como corresponsal. Aunque vos y yo sepamos, con todo respeto para el señor marqués, que el afecto que os profeso es de rango diferente...

Cada vez que recibo vuestras preguntas sobre mi vida y mis ideas, tiemblo al esforzarme por no decepcionaros. Escribís dirigiéndoos a alguien que quizá nunca fui, pero os responde sin duda quien ya está a punto de dejar de ser. Sin embargo, vuestra última encuesta me brinda una posibilidad de modesto orgullo: sí, amiga mía, yo he colaborado en la *Enciclopedia*. Por lo tanto puede afirmar que he contribuido un poco con mi esfuerzo a la más importante y digna tarea de nuestro siglo. Me atrevo a decir que la *Enciclopedia* es el gran asunto de esta época, la meta hacia la que tendía todo lo que la precedió, el origen a partir del cual irán llegando las cosas futuras, el centro de nuestros afanes filosóficos. Hasta llego a pensar que no fuimos los filósofos quienes hicimos la *Enciclopedia*, sino que fue el llevar a cabo esta gran obra lo que nos convirtió en filósofos.

Empecemos precisamente por tal nombradía, de la que me enorgullezco. ¿Qué es un filósofo? Un hombre de letras que se ha unido al partido de la humanidad. Alguien no sólo que razona sino que vive a partir de la razón (para nosotros, la razón es como la gracia para el cristiano); alguien cuyo ingenio es cívico y que pone su pensamiento al servicio de la utilidad social como otros al servicio de la gloria de Dios (porque la sociedad necesita que la ayudemos mientras que sería blasfemo suponer que Dios nos requiere para aumentar o conservar su gloria). Algunos de los que confunden filosofía y teología siguen creyendo que los problemas centrales de la filosofía son los metafísicos. Los filósofos de cuya secta formo parte consideramos que lo más digno de estudio son las leyes de la naturaleza y los deberes sociales del hombre. En efecto, nuestros conocimientos de física, química, botánica, zoología, etc... son incomparablemente mayores que los de nuestros venerados maestros griegos y romanos; nuestra comprensión de la dignidad de los hombres, la denuncia de la tortura, de la pena de muerte, de la esclavitud, etc... se abre paso por primera vez en la historia y aspira a dictar leyes más humanas de las que nunca hubo; pero en el terreno de las perplejidades metafísicas los esfuerzos de Malebranche o Leibniz no valen más que los de Aristóteles o Platón, ni los académicos que se plantean problemas medievales producen verdades más irrefutables que la mitología de los egipcios o de los hindúes.

El filósofo quiere que se le respete por lo útil de sus razonamientos, no por lo oscuro; está convencido de que la tarea propiamente humana no es desentrañar el misterio del ser sino dominar a la naturaleza y ser justo y tolerante en la sociedad. En épocas más lúgubres se llamó «filósofo» a quien se apartaba de los demás, renunciando a todos los bienes y comodidades para llevar una vida hirsuta. Pero nuestro filósofo no considera que este mundo sea un lugar de exilio; no cree estar en país enemigo; quiere gozar con sabia economía de los bienes que la naturaleza le ofrece; quiere obtener placer de los otros: y para obtenerlo, debe saber darlo. De modo que busca la mejor manera de convenir con aquellos entre quienes vive por azar o por elección. Los grandes de este mundo, a los que la disipación no deja tiempo para meditar, suelen ser feroces con aquellos a los que no consideran sus iguales; los que meditan poco o meditan mal son hostiles a todos, les rehúyen o les entristecen con sermones terroríficos: pero nuestro filósofo, que sabe distribuirse entre el retiro estudioso y el comercio con los demás, está lleno de humanidad. Prefiere instruir a ofuscar, pretende abrir los ojos a sus compañeros humanos pero no sacárselos.

Conocéis mi gusto por la independencia y la libertad: sin embargo no me importa formar parte de un pequeño rebaño que incluye al señor Locke, al señor Hume, al señor D'Alambert, al señor Diderot, al señor Helvetius, al caballero de Jaucourt, al marqués de Condorcet y sin duda a vos misma, señora condesa. Os cuento entre los miembros correspondientes de nuestra modesta pero distinguida academia... No somos doctores en filosofía por la Sorbona, ni por Salamanca, ni por ninguna otra docta corporación de pedantes. Por tanto a nadie debemos obediencia ni a ninguna toga la respetamos más que a la verdad. No pensamos escribir ninguna *Summa* en veinte volúmenes, donde se despejen todos los enigmas de Dios y del cosmos en una cadena de proposiciones latinas tan rotundas como inverificables. No pretendemos conocer y proclamar los límites del mundo: aceptamos los nuestros. Hemos cultivado el espíritu lógico y por tanto desconfiamos del espíritu sistemático. Lo que sabemos no proviene de la intuición ni de la revelación, sino de la experiencia. Creemos que el testimonio de los sentidos y la capacidad de cálculo revelan las verdades de la naturaleza; la pedagogía del dolor y del placer, las verdades de la sociedad. No siempre coincidimos en el resultado de nuestros razonamientos, pero todos aceptamos que deben ser discutidos razonablemente: ninguno está tan seguro de su verdad como de que no debe perseguir a nadie por no compartirla. Los errores se refutan o se ignoran, pero nunca se decapitan ni se queman.

Así podríamos haber pasado nuestras vidas, cada cual esforzándose por su lado en aumentar su saber y colaborar a la felicidad pública. La *Enciclopedia* se convirtió en la ocasión de unir nuestras fuerzas en una tarea que aprovechara nuestros distintos talentos y pusiera en común los afanes. A partir de esa obra ya no somos simplemente filósofos, sino filósofos *enciclopedistas*: nos apellidamos así en honor de la mayor batalla que hemos librado y de la que considero pese a todas las adversidades nuestra gran victoria. No me supongáis ciego ante los fallos de la *Enciclopedia*, sus debilidades declamatorias, sus insuficiencias, sus timideces, las falsificaciones que ha sufrido por culpa de un editor poco escrupuloso. Soy el primero en haberlas señalado, lo que me granjeó en su día polémicas con los señores D'Alambert y Diderot. Pero ahora, ya acabada y considerada en su conjunto, podría resumir mi opinión sobre esta obra parafraseando el dictamen que creo haberos transcrito de milord Bolingbroke sobre Marlborough: es algo tan grande que no consigo recordar si tiene defectos.

Como ha pasado con tantas otras empresas importantes, en los orígenes de nuestra *Enciclopedia* intervinieron una serie de afortunados azares. Existía ya en inglés una *Cyclopaedia o diccionario universal de artes y ciencias*, editado por Chambers en la segunda década de nuestro siglo. Era un empeño decoroso, que no ignoraba en filosofía a Bacon, Descartes, Hobbes, Spinoza, Bayle o Leibniz; que entre los científicos destacaba a Copérnico, Vesalio, Kepler, Galileo, Huygens y Newton; que se hacía eco de la exploración del planeta llevada a cabo recientemente por viajeros, navegantes y misioneros, así como del descubrimiento del pasado histórico por los nuevos estudiosos. Un trabajo bien informado, pero respetuoso con muchos prejuicios arraigados y sumamente prudente. El editor parisino André Le Breton, en colaboración después con otros tres empresarios, se planteó traducir la obra al francés con los añadidos y puestas al día que fueran oportunos. Contrataron como director del proyecto al abate Gua de Malves, quien al darse cuenta de la enormidad de la tarea recabó la ayuda de Diderot y D'Alambert, el primero como una especie de jefe de redacción y el segundo para que se ocupara de los artículos matemáticos. Poco después el abate se retiró y Diderot quedó con D'Alambert como responsables únicos de la *Enciclopedia*. La modesta ocurrencia de unos editores que pretendían repetir en Francia el éxito de un libro útil y rentable había ido a parar a manos de quienes podían convertirla en germen de una auténtica revolución.

Hoy me parece evidente que el señor Diderot ha sido el principal demiurgo de la creación enciclopédica. Le debo una disculpa, porque durante mucho tiempo creí que la primacía correspondía a D'Alambert, con cuyo estilo geométrico y preciso siento más afinidades que con la forma de escribir para mi gusto demasiado efusiva de Diderot. Tuve varios malentendidos con este filósofo, el más genuino quizá de nuestra cofradía, al que llegué a pedir que me devolviese los artículos que le había enviado y que aún no habían sido editados. Me empeñé sin razón en que renunciara a continuar la obra en Francia, en vista de las dificultades de censura que padecía, y la reemprendiese en Prusia; cuando D'Alambert abandonó una empresa que parecía condenada al fracaso, yo me puse de su lado y le reproché a Diderot su obstinación en proseguirla contra todo y contra todos. ¡Cuánto me equivocaba! Sin la admirable obstinación de Diderot, que quiso permanecer en Francia, fiel a sus editores, fiel al compromiso con los suscriptores, cerca de sus archivos, a despecho de la censura y de la misma cárcel, la *Enciclopedia* nunca hubiera podido concluirse. Fue él quien hizo todo lo difícil, lo peligroso, lo esforzado: corrigió solo las pruebas de los últimos volúmenes, trabajando hasta quince horas diarias durante semanas. Cuando apareció el último volumen, Diderot había dedicado a la *Enciclopedia* casi treinta años de su vida pero había ganado gracias a ella la inmortalidad. Me hubiese gustado poder estrecharle entre mis brazos antes de morir y disculparme por haber dudado de él, aumentando con mis quejas sus ya excesivas dificultades. Pero todo parece indicar que, dada mi edad y mi exilio suizo, no estamos destinados a encontrarnos: ¡pensar, amiga mía, que ese gran hombre y yo no nos hemos visto jamás!

Desde el comienzo de su trabajo, Diderot y D'Alambert comprendieron que no bastaba con traducir la *Cyclopaedia* de Chambers, ni tampoco con ampliarla y actualizarla, ni siquiera con escribir enteramente de nuevo una obra parecida. Lo que los tiempos demandaban era algo diferente y más arriesgado. La publicación inglesa era un almacén de noticias, un vasto depósito de conocimientos; pero nuestra *Enciclopedia* tenía que ser una *fábrica* de nuevas ideas. Al libro de Chambers iban los estudiosos para aumentar su información y acumular nuevos datos; de la obra dirigida por Diderot habrían de salir exploradores y vigías hacia lo ignoto, hacia lo vedado. En una palabra, Chambers ofrecía un punto de llegada y Diderot propuso un punto de partida. La otra gran diferencia entre ambos proyectos fue el tono fundamentalmente práctico del francés frente al más teórico de la obra inglesa. La vida humana no la modifican tanto las doctrinas como las técnicas: la agricultura, la imprenta, la fundición de los metales, la cirugía, los hallazgos culinarios, las artes textiles, los instrumentos de navegación... El señor Diderot se hizo competente en mil oficios y colega de mil artesanos para poder escribir los secretos de todas estas útiles operaciones. Su ambición era que si todas las artes y técnicas hoy vigentes desapareciesen de un día para otro, fuera posible reconstruirlas a partir de las descripciones y magníficas láminas de nuestra *Enciclopedia*. Alguien ha comparado a este indomable filósofo con Proteo, pues es capaz de adoptar cualquier aspecto de la invención humana menos los que implican superstición o intolerancia.

Cuantos en los tiempos modernos luchan contra prejuicios poderosos tienen que emplear el disimulo para no ser aplastados por la intransigencia. Lo principal no es ser sinceros, sino abrirse paso. El lema de Descartes fue «*larvatus prodeo*», avanzo bajo disfraces; el de Spinoza fue «*caute*», ten cuidado. En cierta ocasión el abate Galiani, uno de nuestros contemporáneos más ingeniosos, definió la oratoria sublime como «el arte de decirlo todo sin ir a la Bastilla, en un país en el que está prohibido decir nada». Desde que se distribuyó el prospecto para reclutar suscriptores, la *Enciclopedia* despertó fuertes recelos y animadversiones *a priori*, que como se sabe suelen desembocar en persecuciones *a posteriori*. Suponiendo con razón que los inquisidores buscarían su pasto en los artículos más propensos a la herejía, los autores se cuidaron de que voces tan comprometidas como «alma» o «ateo» fuesen redactadas del modo más conformista posible. Pero en cambio aprovecharon las entradas menos conspicuas para denunciar los disparates venerados. Por ejemplo el artículo «*agnus scythicus*», sobre cierto mítico cordero no demasiado famoso, incluía un decidido ataque al ánimo crédulo y supersticioso. En ocasiones la malicia estribaba en las conexiones que se establecían entre los términos estudiados. Así podía leerse en «antropofagia»: «véase eucaristía, comunión, altar». Otras veces eran los ejemplos los portadores del mensaje ilustrado. La preposición «contra» se documentaba con los siguientes casos: «el fanatismo va contra la razón, escribo contra los teólogos, la tortura es una práctica contra la humanidad». Estas precauciones hicieron viable la obra, al menos durante cierto tiempo, pero sin duda debilitaron el conjunto. Algunos artículos podían confundir al lector que no era capaz de adivinar entre líneas y otros, como por ejemplo el de «mujer», resultaron de una frivolidad incompatible con la seriedad de una empresa tan digna. Cuando yo le exponía por carta estas reservas, D'Alambert procuraba tranquilizarme: «El tiempo enseñará a los hombres a distinguir entre lo que hemos pensado y lo que hemos dicho.» A largo plazo tiene sin duda razón, pero a mí —quizá por ser más viejo— me recomía la impaciencia ante los circunloquios que aplazan la urgencia de nuestro combate.

¿Existe en la *Enciclopedia* un núcleo común de doctrina filosófica, dentro de la pluralidad irremediable de sus numerosos colaboradores? Creo que sí: una religión natural que convierte a Dios en organizador del universo pero sin avalar ninguna de las iglesias proclamadas en su nombre, una psicología que reduce el espíritu a una serie de funciones de la materia y una ética que define la virtud más como el conjunto de los deberes sociales hacia los demás hombres que como el cumplimiento de arbitrarios mandatos divinos. Ciertamente estos principios no hubiesen podido exponerse sin ambages de buenas a primeras: pero, pese a todas las argucias, no permanecieron mucho tiempo ocultos para quienes debían sentirse ofendidos por ellos.

Hasta que apareció la *Enciclopedia*, las publicaciones de tanta envergadura como ésa venían siempre amparadas por serviles dedicatorias a prominentes personajes de la aristocracia o de la realeza, de cuyo mecenazgo dependía la financiación del empeño o al menos su protección contra rivales y adversarios. Pero la obra de Diderot y D'Alambert no buscó otro apoyo que el de sus propios usuarios, los suscriptores que a través de los años nunca le regatearon su sostén incluso en las circunstancias más adversas. Eran unos cuantos miles de personas, en su mayoría sin otro título de nobleza que los útiles empleos que cumplían al servicio de la sociedad: comerciantes, profesionales, artesanos, amigos de las artes, militares con inquietudes culturales, industriales, etc... A pesar de que en varias ocasiones pareció que iban a perder su inversión inicial, no dudaron en ampliarla cuando ello resultó imprescindible para el mantenimiento de un esfuerzo cada uno de cuyos retrasos aumentaba los gastos originariamente previstos. Hubo también benévolos donantes cuya generosidad fue más allá del monto de la suscripción oficial: cuando murió mi antigua amiga la señora Geoffrin, se supo que ella y su marido habían contribuido con más de cincuenta mil libras a los gastos de la *Enciclopedia*.

Inicié mi colaboración en el gran libro cuando el proyecto llevaba ya cierto tiempo en marcha. Probablemente me hubiese incorporado antes a él de haber vuelto a París, pero tras mi estancia en Prusia no recibí ninguna garantía de ser bien recibido en la capital donde nací. Por el contrario, todos los prejuicios y las conspiraciones en mi contra gozaban de esa envidiable salud que a mí, señora, siempre suele faltarme. De modo que opté por fijar mi residencia en Ginebra, una comunidad bastante tolerante cuyos ciudadanos más destacados parecían muy contentos de tenerme entre ellos. Allí vive además el doctor Teodoro Tronchin, sabia reencarnación de Esculapio a cuyos esfuerzos debo el discutible beneficio de haber sobrevivido hasta la fecha. De modo que compré una hermosa propiedad, la renové a mi gusto, la bauticé con el prometedor nombre de «Las Delicias» y me instalé a vivir en ella, en compañía de mi sobrina la señora Denis, que se encargaba de llevar mi casa como hubiese hecho la mejor de las esposas y por tanto de aumentar mis gastos en la misma previsible cuantía.

Entonces pasé a ocuparme de la *Enciclopedia*, de la cual había recibido el prospecto y avances importantes del primer volumen. El discurso preliminar, firmado por el señor D'Alambert, me entusiasmó de un modo que a mi edad ya no creía posible. En él se afirmaba con sereno orgullo que la gran obra proyectada no se ocupaba, como hacían otras más sumisas, de las genealogías de los héroes guerreros ni de las familias coronadas ni de las vanidosas leyendas con las que los países quieren darse el mérito del que carecen sus miembros, sino que era su tema el linaje de las ciencias y las artes de cuyos avances depende el bienestar humano. Este planteamiento coincidió rotundamente con los principios que dirigen mis reflexiones históricas, según ya os he contado. De inmediato me convertí en ferviente enciclopedista: envié a D'Alambert los artículos que me había sugerido y otros en cuya redacción me creí competente, así como algunas observaciones críticas sobre los desiguales componentes del primer volumen. Compuse muchas entradas de literatura, historia y filosofía: incluso escribí con cierto alborozo y erudición ostentosa la voz «fornicación», un tema del que ya por entonces no tenía mucho que decir y aún menos que hacer.

Pienso, amiga mía, que los hombres de letras

podemos dividirnos en dos grandes enjambres: las abejas y las avispas. Las abejas liban el polen de cuantas flores encuentran, fabrican miel, la almacenan en sus panales y organizan con armonía implacable su colmena; las avispas quisieran imitarlas pero se caracterizan ante todo y sobre todo por su aguijón. A lo largo de mi oficio literario (se me podrá negar la estatura poética de Racine pero no que estoy a punto de alcanzar la longevidad de Fontenelle) me he esforzado por llegar a ser una buena abejita y cuando estaba a punto de lograrlo siempre me ha perdido mi vocación de avispa. Una *Enciclopedia* como la nuestra ha de ser ante todo la tarea de hacendosas abejas, pero no creo que le sobren algunos certeros aguijonazos de avispa de vez en cuando. Gracias a ellos, los lectores saborearán con mayor agrado la culta miel que se les ofrece. Procuré que mis artículos no careciesen de picante. Y hasta comencé a planear otro tipo de libro para ir aún más allá que la *Enciclopedia*. Después de todo, una obra en numerosos volúmenes, lenta de leer, difícil de transportar y sumamente cara, resulta demasiado «apicultora» para mí y supongo que también para los lectores que tengan en las venas sangre de avispero. ¿No sería posible compilar un diccionario mucho más breve, en un solo volumen si fuese posible, un vademécum de sabiduría portátil en el que los aguijonazos zumbasen en cada página? Este artilugio resultaría un formidable complemento a la gran *Enciclopedia* y quizá un arma de combate contra prejuicios y supersticiones de potencia mayor, porque llegaría antes y a un número más amplio de lectores. Así nació la idea de mi *Diccionario filosófico*, cuya redacción simultaneé con la de los artículos para la *Enciclopedia*, utilizando a veces para ambos trabajos materiales semejantes dispuestos en tono diverso.

Los ataques contra la Enciclopedia comenzaron a partir de la aparición del mismísimo primer volumen. Los reproches fueron de todo tipo: inexactitudes, plagios, herejías y doctrinas subversivas contra la autoridad real. Los críticos más moderados pedían las oportunas rectificaciones y propósito de la enmienda cara al futuro; los adversarios maliciosos, que se retirara a la obra el permiso real de impresión; los fanáticos, que los responsables de la publicación fuesen encarcelados. Sin duda este clima polémico en torno a la *Enciclopedia* contribuyó a aumentar su difusión: la atención social que recibe una empresa o una persona se mide por el estruendo del antagonismo que suscita. Lo peor de tal hostigamiento es que provocó defecciones entre los más tímidos y acentuó las disputas internas. Por fortuna para la filosofía, nuestros numerosos adversarios tampoco mantenían cordiales relaciones entre sí. Los más intransigentes, como siempre, eran los jansenistas desde su periódico *Las noticias eclesiásticas*; los más sutiles y bien informados, también como siempre, los jesuitas desde su revista *El Diario de Trévoux*, en cuyas páginas se mezclaban refutaciones y discretos elogios a la *Enciclopedia*. No nos faltaba la cordial hostilidad del inevitable Fréron en su *Año literario* y la muy peligrosa, dado su rango institucional, de Omer Joly de Fleury, que era abogado ante el Parlamento de París y un mentecato redomado. Sin embargo ninguno de ellos tuvo tanto éxito ante la opinión pública en su intento de desprestigiarnos como dos hombres de letras que optaron por el camino de la burla para asestar mejor sus dardos. Si me permitís la inmodestia, señora, diría que utilizaron en contra nuestra las lecciones volterianas... Además el más distinguido de ambos, Palissot, era conocido mío y se proclamaba mi discípulo. Estrenó una comedia titulada *Los filósofos* que obtuvo gran éxito cómico: a mí me respetaba, pero aparecía Rousseau a cuatro patas pastando hierba y sobre todo el señor Diderot era ridiculizado de todos los modos imaginables. Palissot llevó su descaro hasta el punto de enviarme a Ginebra su comedia, como queriendo ponerme de su lado en el coro de burlones: le respondí con una carta cortés pero firme que no dejaba dudas sobre el bando en el que me alineaba. El otro satírico era Nicolas Moreau, un escritorzuelo de tres al cuarto a sueldo del gobierno, que comenzó a publicar en el *Mercurio de Francia* una serie de artículos en torno a una supuesta tribu salvaje llamada los Cacuacs, que viven aproximadamente a 48 grados de latitud norte (o sea, la coordenada de París) y que son más feroces que los peores indios Caribes. Los Cacuacs no creen en la verdad absoluta y consideran que la ética es cuestión de convenciones, pero paradójicamente no cesan de hablar de «verdad» y de «virtud»; tampoco creen en la autoridad paterna, ni en la lealtad con la patria y además destilan veneno. Pero las tribus vecinas han descubierto que se les puede combatir por medio de *silbidos* y por tanto Moreau recomendaba a sus lectores que silbasen vigorosamente a los Cacuacs en cuanto los tuvieran a la vista. Esta pantomima no muy ingeniosa tuvo éxito, sobre todo por el acierto irrisorio del término «cacuac», que pasó a ser utilizado con delectación por muchos de nuestros enemigos.

El problema de la *Enciclopedia*, sin embargo, no consistía en los chistes que se hicieran a costa de los enciclopedistas, sino en la posibilidad de que se interrumpiera la publicación por orden del gobierno. Para evitar este funesto desenlace tampoco estábamos desprovistos de partidarios bien situados. Alguien tan influyente como mi amigo el marqués de Argenson, por ejemplo, había proclamado públicamente en más de una ocasión su interés en favor de que la *Enciclopedia* llegara a completarse. Pero el apoyo que nos resultó más decisivo lo obtuvimos de quien menos podíamos esperarlo: del responsable máximo de la censura. Durante los años más decisivos del lanzamiento de la *Enciclopedia*, ese peligroso cargo estuvo ocupado por un hombre inteligente y amable, lo que equivale a decir «tolerante». El señor Cristián Guillermo Lamoignon de Malesherbes tenía como principal afición la botánica (lo que no deja de ser gracioso al pensar en su apellido) y como propósito más destacado de sus estudios descubrir los errores en que había incurrido el omnisciente señor Buffon. Pero también era autor de una obra sobre la libertad de imprenta, en la que pueden leerse dictámenes tan atinados como éste: «En un siglo en el que cada ciudadano puede hablar a la nación entera por medio de la imprenta, quienes tienen talento para instruir a los hombres o el don de conmoverlos —en pocas palabras, los hombres de letras— son, en medio de un pueblo disperso, lo que eran los oradores de Roma y Atenas en medio de un pueblo congregado.» El señor de Malesherbes fomentó el despliegue humanista concediendo un permiso tácito de impresión a obras que él sabía perfectamente que no podían aspirar oficialmente a la *aprobación y privilegio del rey*. Sus razones para actuar así eran claras, aunque difícilmente las compartirían las autoridades más conservadoras: «un hombre que hubiese leído únicamente los libros publicados con expreso consentimiento del gobierno estaría casi un siglo detrás de sus contemporáneos». ¡Excelente Malesherbes! Cuando se vio obligado a ordenar una requisa de documentos en casa de Diderot, le avisó previamente para que los escondiera donde pudieran estar más seguros, que resultó ser... en el mismo despacho del jefe de la censura. Sin Malesherbes la andadura inicial de la *Enciclopedia*, la más amenazada puesto que es más fácil agostar una planta cuando es pequeña que cuando ya ha crecido vigorosa, hubiera sido casi imposible. Pero no vayáis a creer, amiga mía, que defendía la libertad de imprenta sólo para los filósofos. A veces autorizó ataques feroces y calumniosos de nuestros adversarios. En cierta ocasión, cuando D'Alambert le urgió a prohibir un libelo de Fréron contra él demasiado repelente, repuso con sequedad que la libertad de imprenta es algo que hay que saber disfrutar tanto como padecer.

Pese a estas defensas, la edición de los volúmenes se vio con frecuencia interrumpida por secuestros y prohibiciones temporales. De uno de nuestros trances más críticos fui indirectamente culpable. Había invitado al señor D'Alambert a pasar unos días conmigo en Las Delicias y aproveché para ponerle en contacto con personalidades destacadas de la comunidad ginebrina. Entre ellas figuraban varios pastores protestantes, cuya amplitud de miras era tal que a mí —como le comenté en privado a mi huésped— me resultaban prácticamente socinianos (es decir, que consideraban a Cristo como un hombre excepcional y nada más). Por lo demás me parecía chocante que una ciudad tan liberal mantuviese la maldición calvinista contra el teatro. Ya sabéis mi pasión por ese dignísimo esparcimiento: había construido en Las Delicias una salita muy coqueta para nuestras representaciones privadas, pero debíamos utilizarla de forma clandestina y recibiendo frecuentes reconvenciones. Animé al señor D'Alambert a escribir un largo y encomiástico artículo sobre Ginebra, alabando la tolerancia de sus clérigos y afeándoles el mantenimiento de la prohibición que pesaba sobre el teatro. El artículo apareció en el volumen correspondiente y provocó un revuelo que ninguno habíamos previsto. Lo de menos fue la respuesta previsiblemente delirante del señor Rousseau, furibunda contra los según él nefastos efectos que tendrían las representaciones teatrales en la comunidad ginebrina. Juan Jacobo había sido el mejor amigo de Diderot en su juventud y había colaborado con artículos musicales en la *Enciclopedia*, pero sus arbitrariedades y demasías intelectuales le habían ido oponiendo cada vez más al resto de los enciclopedistas. Su respuesta a D'Alambert puso toda su notable habilidad sofística al servicio de ideas más propias de un primitivo feroz que de una persona civilizada... y que incluso había escrito ya teatro, aunque sin éxito alguno. Lo peor no fue, sin embargo, este enfado de nuestro desequilibrado ex colega. Los pastores calvinistas se sintieron muy ofendidos al verse tratados de socinianos y organizaron un gran revuelo, más peligroso para mí que vivía entre ellos que para ningún otro. En París, jansenistas y jesuitas se pusieron de acuerdo en que nuestra obra hacía descarada propaganda sociniana y atacaba la divinidad de Cristo. El señor D'Alambert se asustó y anunció su retirada de la *Enciclopedia*, defección que Diderot no le perdonó jamás. Tras intentar convencer al fugitivo para que no abandonara el puente de mando, me puse de su lado porque creí que la empresa ya no podría llevarse a cabo con dignidad en Francia, dadas las cortapisas que se nos ponían. Escribí a Diderot recomendándole que renunciase y llevase la publicación al extranjero, pues Federico de Prusia y la emperatriz Catalina se interesaban por patrocinarla. Con la publicación de los restantes volúmenes prohibida, privado de sus papeles, encarcelado, el señor Diderot se mantuvo firme en el proyecto ilustre que nos había reunido. Señora, ya os he dicho con solemnidad y contrición que todo el mérito fue suyo.

El incidente que permitió finalizar la *Enciclopedia* me parece característico tanto de la Francia de aquellos días como del azar que rige el devenir de los negocios humanos. Lo conozco por un testigo presencial; os lo voy a contar con cierto detalle porque seguramente lo ignoráis y ciertamente os divertirá. Una noche el rey cenaba en el Trianon con unos cuantos íntimos y la charla, tras haber girado durante un tiempo sobre la caza, recayó en la pólvora para disparar. Alguien comentó que la mejor pólvora se hacía con partes iguales de nitrato, de azufre y de carbón. El duque de La Vallière, mejor informado, sostuvo que para hacer buena pólvora de cañón era preciso mezclar una sola parte de azufre y una de carbón con cinco de nitrato bien filtrado y bien cristalizado. Intervino el duque de Nivernois: «Es gracioso que nos distraigamos todos los días matando perdices en el parque de Versalles y a veces matando hombres o dejándonos matar en la frontera sin saber exactamente con qué matamos ni con qué nos matan.» «¡Ay, eso pasa con todas las cosas de este mundo! —suspiró la señora de Pompadour—. Yo no sé de qué está hecho el rojo con que me coloreo las mejillas y me pondrían en un aprieto si alguien me preguntase cómo se hacen las medias de seda que llevo puestas.»

«Pues es una lástima —prosiguió el duque de La Vallière— que Su Majestad nos haya confiscado ese diccionario enciclopédico en el que yo al menos ya me había gastado cien pistolas: ahí encontraríamos respuesta a todas estas preguntas.»

Luis XV justificó su confiscación: le habían advertido que los veintiún volúmenes *in folio* que podían encontrarse en el tocador de casi todas las señoras eran la cosa más peligrosa del mundo para el reino de Francia. Pero estaba dispuesto a confirmar por sí mismo hasta qué punto era prudente esa prohibición, antes de hacerla definitiva. De modo que envió a tres pajes a buscar unos cuantos volúmenes de la obra, que los muchachos transportaron con cierto esfuerzo. De este modo pudo comprobarse que el duque de La Vallière tenía razón en lo tocante a la composición de la pólvora y la señora de Pompadour se enteró de la diferencia existente entre el antiguo rojo de España con el que las damas de Madrid aún se colorean las mejillas y el colorete de las damas de París. Además aprendió cómo se obtiene la seda y contempló una lámina en la que se mostraba el funcionamiento de la máquina que cose las medias. La señora, que siempre estuvo bien dispuesta a nuestro favor, exclamó con reproche: «¡Qué libro tan hermoso! ¡Sire, no me parece bien que nos lo hayáis confiscado para ser el único de este reino que sepa todas estas cosas tan útiles!» El rey gruñó que francamente no entendía por qué le habían hablado tan mal de esta obra. «¿No será precisamente porque es muy buena? —comentó el malicioso duque de Nivernois—. Nadie se indigna contra lo mediocre y lo insulso de ningún tipo: cuando vemos que las señoras murmuran de alguna recién llegada, podemos estar seguros de que es más hermosa que ellas.» Otros añadieron que era un orgullo para el reino contar con ingenios como los que habían compuesto la *Enciclopedia*; que los demás pueblos de Europa la admiraban e incluso se disponían a copiarla; y que aunque hubiese algo dañino en ella, no por eso era sensato prohibirla toda, lo mismo que nadie tira toda una cena porque no haya salido bien uno de los estofados. Luis fue sensible a la fuerza de tales razones y revocó su prohibición. Así se salvó la *Enciclopedia*, gracias a la pólvora, al colorete y a la curiosidad de algunas personas nobles.

Durante los años que duró la creación de nuestra *Enciclopedia* y después, siempre he intentado mantener la unión entre los filósofos frente a la populosa jauría que nos combate. A menudo no ha resultado fácil pues es propio de quienes piensan en libertad pensar de modo distinto y dar más importancia a discrepancias nimias que a los acuerdos de fondo. La vanidad, señora, se alimenta de detalles divergentes: la razón, como es de todos, no permite pavonearse y por eso nadie se enorgullece de saber que dos más dos son cuatro. Nos apegamos a los hallazgos que nos singularizan aunque sea a costa de equivocarnos. Sin otra autoridad que la de mi edad ni mejor perspectiva que vivir a distancia de la olla de grillos parisina, es decir, en uso de mis dos únicas prerrogativas: ser viejo y vivir exiliado, me he convertido en una especie de capitán de la grey filosófica, cuya armonía intento mantener. Nuestro combate es largo y arduo pero sólo las querellas internas pueden impedir una victoria de la razón que yo veo cada año que pasa más próxima.

Sin embargo hay un tema importante que en ocasiones me ha enfrentado, aunque siempre sólo en el plano intelectual, con mis colegas más jóvenes. Me refiero a la cuestión del ateísmo. Estoy de acuerdo con el señor Diderot cuando afirma en uno de sus ingeniosos escritos que «es fundamental para la vida no confundir la cicuta con el perejil, mientras que no lo es saber si Dios existe o no». También puedo aseguraros que me encontraría más a gusto en una sociedad de ateos, si todos fuesen filósofos como el barón d'Holbach, el señor Helvetius o el propio señor Diderot, que en cualquiera de las naciones cristianas o musulmanas que hoy conocemos. Sin embargo, como ya creo haberos indicado, considero el ateísmo un error en el plano teórico y un peligro en el terreno público. ¿Pruebas de la existencia de Dios? Fuera de que este gran reloj universal demuestra con el funcionamiento de sus delicados engranajes la presencia del colosal relojero que lo puso en marcha, prefiero no embarazarme con más intrincadas disquisiciones metafísicas. Cuando yo estaba en Inglaterra, allá en mis años mozos, un distinguido discípulo de Newton, el doctor Clarke, escribió un copioso tratado con numerosas pruebas de la existencia divina; el irónico Collins hizo el siguiente comentario: «La existencia de Dios era algo de lo que ninguno habíamos dudado hasta que la probó el doctor Clarke.» Casi todas las demostraciones alambicadas del único hecho metafísico que me parece evidente merecen a mi juicio la misma glosa.

Hay algo, sin embargo, que nadie que yo sepa ha aportado como prueba de la existencia de Dios, pero que para mí es la primera de sus manifestaciones en la vida humana: el placer. Pues físicamente hablando el placer es divino y tengo para mí que cualquier hombre que bebe una copa de vino de Tokay, que abraza a una mujer hermosa, cualquiera en una palabra que experimenta sensaciones agradables debe reconocer un ser supremo y benéfico. Por esta razón los antiguos convirtieron en divinidades todas las pasiones; pero como todas las pasiones nos han sido dadas con vistas a nuestro bienestar, mantengo que por medio de ellas se puede probar la existencia de un único Dios puesto que demuestran unidad en su designio. ¿Os convence mi metafísica hedonista? No me atrevería a repetirla en un aula de la Sorbona ni de vuestra Salamanca. En cualquier caso, prefiero ver a Dios en los goces de esta vida que en los castigos infernales de la próxima. Sin duda este Dios del que os hablo no puede haber nacido de ninguna virgen, ni haber muerto en un cadalso, ni ser comido en forma de oblea, ni ciertamente ha inspirado esos libros que vos y yo conocemos, llenos de contradicciones, de demencia y de horror.

Pienso que fue este Dios quien formó nuestra especie y nos concedió un puñado de instintos, el amor propio para asegurar nuestra conservación, la benevolencia para asegurar la conservación de los otros, el deseo amoroso que también se da en el resto de los seres vivientes y el don inexplicable de poder combinar más ideas que todos los demás animales juntos. Después de otorgarnos nuestro lote, nos dijo: ahora, arreglároslas como podáis. En contra de lo que suponía el desenfrenado La Mettrie, pienso que existe una ley natural que nos hace arrepentirnos de los crímenes y ensalzar las virtudes. Os lo demostraré. Dios nos hizo animales *sociales*, ¿concedido? Pues bien, la virtud y el vicio, el bien y el mal han sido en todas las épocas y en todos los países lo que es útil o dañino para la sociedad. En cualquier lugar y en todo tiempo, el que más se sacrifica por lo público ha sido tenido por el más virtuoso. La virtud es el hábito de hacer lo que conviene a la mayoría de los hombres y el vicio la costumbre de hacer aquello que les daña. En cada uno de nosotros puede entrar en conflicto la benevolencia hacia los demás y nuestro amor propio. Los jansenistas y el señor Rousseau, de acuerdo en esto como tantas otras veces, condenan el amor propio por ser la fuente de todo mal. Me parecen tan equivocados como quienes, al ver que el exceso de humor sanguíneo lleva a la apoplejía, creyesen que viviríamos mejor sin sangre. No, yo pienso que el amor propio bien entendido termina reforzando la benevolencia social en lugar de contrariarla. Incluso os diría que el amor propio comparte muchas características con nuestro instrumento genital: nos es muy necesario, nos es muy querido, nos da abundante placer pero hay que procurar llevarlo tapado.

¿Debemos pues practicar alguna religión? Lo tengo por socialmente aconsejable. Señora, os confieso que temo al populacho si pierde toda forma de veneración por lo divino sin ganar las luces de la filosofía; pero aún temo más a los poderosos que no se ven refrenados en su ambición por ninguna ley sagrada. Tantas cosas se han hecho respetar a lo largo de los siglos por razones religiosas que corremos el peligro de que quienes pierdan toda religión crean que ya nada merece ser respetado. Supongo que si Dios no existiese, deberíamos volver a inventarlo. Vemos, empero, que también las religiones persuaden a cometer atrocidades y que en la mayoría de los casos son peores en sus efectos sociales que la pura y simple impiedad. ¿Cuál es pues la religión que considero preferible? ¿No será la más sencilla? ¿La que tenga mucha moral y pocos dogmas? ¿La que ayude a los hombres a ser justos sin hacerles absurdos? ¿La que no ordene creer cosas imposibles, contradictorias, injuriosas para la Divinidad y perniciosas para el género humano, la que no ose amenazar con penas eternas al que tiene sentido común? ¿No será la mejor religión aquella que no imponga su credo por medio de verdugos, ni inunde de sangre la tierra por culpa de dogmas ininteligibles? ¿La que no someta a los gobernantes a un sumo sacerdote a menudo incestuoso, homicida y envenenador, valiéndose de un par de juegos de palabras y algunos textos sacros falsificados? ¿La que no enseñe más que la adoración a un Dios, la justicia, la tolerancia y la humanidad? Tal es la religión que deseo, señora, pero que no veo vigente en ningún rincón de la tierra civilizada. Pero ni siquiera ésta quisiera que llegara a imponerse por la fuerza de los gobernantes: un Estado bien regulado no debe coaccionar más a los ciudadanos en materia de religión que en cuestiones culinarias.

Digo y repito: ¡aplastad al Infame! Queréis saber a qué insigne Infame me refiero. No os lo oculto: al cristianismo. Me parece que ya son bastantes mil setecientos años de vilezas, disparates y persecuciones en nombre de la caridad fraterna. Siento una repulsión física por la mentira clerical y por su santidad homicida. Cada año a finales de agosto, cuando se aproxima la víspera de San Bartolomé, caigo en cama con fiebre: es la forma que tiene mi organismo de celebrar el aniversario de aquella matanza histórica. Pero si fuese consciente de todas las víctimas del fanatismo, debería pasarme acostado el año entero, tiritando de pavor. Tengo en mi biblioteca cientos de obras de teología y las repaso a veces con un deleite malsano: es como pasearse por un manicomio. Sin duda la superstición es a la religión como la astrología a la astronomía: la hija muy loca de una madre cuerda. Si por culpa de esos delirios no se hubieran levantado tantas hogueras ni se hubiera despedazado a tantos inocentes, podría uno pasar un buen rato riendo con tales ocurrencias. Aquí tengo, por ejemplo, un libro de cierto jesuita español del siglo pasado, llamado Tomás Sánchez. Su tema es el matrimonio y el padre Sánchez no retrocede ante sus aspectos más escabrosos. En cierto momento se plantea la interesante cuestión de las sensaciones lascivas que pudo sin culpa suya experimentar la Virgen al ser preñada por la tercera persona de la Trinidad: «*An Virgo Maria semen emiserit in copulatione cum Spiritu Sancto?*» Su dictamen es afirmativo, como podía sospecharse ¡Y pensar que a tantos desdichados, incluso hoy mismo, se les castiga con la muerte por blasfemar! ¡Que hace sólo unos meses se decapitó y quemó al joven caballero La Barre a los diecisiete años por haber cantado una canción irreverente! Sin embargo, no son estas ridiculeces criminales monopolio de los cristianos. El Infame es por extensión el furor fanático de cualquiera de las religiones dogmáticas: católicos, protestantes, jansenistas, musulmanes, judíos o aztecas, todos están amasados con la misma mierda empapada en sangre. Disculpad mi lenguaje, amiga mía, pero la indignación me puede. ¡Basta ya! ¡Aplastemos al Infame!

VOLTAIRE

Madrid, septiembre de 177...

¡Qué contraste entre vuestra última carta, llena de empresas y de ánimo combativo, y la que yo puedo escribiros hoy! He pasado la noche sin dormir, estoy triste y angustiada. Mi hijo está gravemente enfermo. Jugó hace unos días con muchachos de su edad a la pelota, sudó mucho, bebió agua helada después a pesar de que intenté prohibírselo. En seguida se le declaró una fuerte congestión acompañada de fiebre violentísima. He pasado toda la noche junto a su lecho, escuchándole delirar y delirando por dentro también yo misma, a causa de la preocupación. Ahora reposa con un poco más de sosiego, pero aún arde de fiebre. Yo me siento agotada y vacía. En situaciones tales como la que padezco se piensa con extraño desapego sobre la vida y sobre la muerte. A nadie me atrevo a comunicarle mis alucinaciones exhaustas sino a vos. Cuando os leo, me parece que poseéis una juventud de ánimo perpetua, humillante, casi impía a causa de su vitalidad. Ahora soy yo la anciana y os escribo con el trazo temblón de lo caduco, que estoy segura de que vos jamás conoceréis. Permitidme el lamento de la duda y disculpadme si parezco abrir la puerta a la desesperación: vos sabréis cerrarla.

¿Podéis decirme por qué, aún cuando más creo detestar la vida, sigo temiendo a la muerte? Nada me indica que no acabará todo conmigo: por el contrario, me doy cuenta del descalabro de mi espíritu tanto como el espejo me ha enseñado a constatar el de mi cuerpo. No me convencen ni los que me hablan de un más allá ni los que lo niegan. No me escucho más que a mí misma y no hallo en mí sino duda y oscuridad. «Creed —me dicen—, es lo más seguro.» Pero ¿cómo puede una creer en lo que no comprende? Pascal apostó por creer porque odiaba la inteligencia; yo tengo mucha menos que él, pero la aprecio más. Lo que no se comprende sin duda puede existir, por tanto no lo niego; soy como una sorda o como una ciega de nacimiento, que acepta que puede haber sonidos y colores: pero ¿sabe qué es lo que acepta? Si bastase con no negar, todo estaría resuelto; pero con eso no basta. ¿Cómo puede una decidirse entre un comienzo y una eternidad, entre lo lleno y lo vacío? Ninguno de mis sentidos puede ayudarme y ¿qué puedo concluir sin su ayuda? Sin embargo, si no creo lo que hay que creer, estoy amenazada con ser después de mi muerte mil veces más desdichada de lo que puedo llegar a serlo en la vida. ¿Por qué opción debo determinarme, si es posible determinarse por alguna? Os lo pregunto a vos, querido maestro, que tenéis un carácter tan verdadero y firme que deberíais hallar por simpatía la verdad, si es que puede ser encontrada. Ya veis que os pido noticias del otro mundo y que me digáis si nosotros estamos llamados a desempeñar algún papel allí.

Por mi parte os envío noticias de este mundo en el que vivimos, dictadas con la sinceridad de la fatiga. Mi impresión es que es detestable, abominable, etc... Hay sin duda algunas personas virtuosas o que al menos lo parecen, en tanto que no se atente contra su pasión predominante, que por lo común suele ser en ese tipo de gente el amor de la gloria y de la reputación. Ebrios de elogios, a menudo parecen modestos; pero el cuidado que ponen en obtenerlos revela sus motivos y descubre su vanidad y su orgullo. Ahí tenéis el retrato de la gente de bien. Los demás se mueven por el interés, la envidia, los celos, la crueldad, la malevolencia y la perfidia. No conozco a nadie en este mundo, y creedme si sólo a vos excluyo, a las que una pueda confiarle sus penas sin proporcionarle un júbilo maligno y sin envilecerse ante sus ojos. Si en cambio les cuenta una sus placeres y sus éxitos, lo que despertamos es odio. ¿Hace una favores? El agradecimiento agobia a los beneficiados y les irrita hasta que se libran de él, volviéndose contra quien les ayudó. ¿Comete una alguna falta? Nunca se borrará del todo y nada puede repararla. Si tratamos con gentes de ingenio, preferirán deslumbrarnos a tomarse la molestia de instruirnos. Si por el contrario frecuentamos a los tontos, nunca nos perdonarán el serlo: nos echan la culpa de su esterilidad y de su menguada inteligencia. ¿Qué debe buscar una entonces? ¿Sentimientos? No los hay ni sinceros ni constantes. La amistad resulta una quimera, luego sólo queda el amor... ¡y hay que ver a lo que se llama amor! En fin, no quiero continuar. Ya veis a dónde me están llevando mis reflexiones. Son sólo el producto del insomnio: confieso que un buen sueño sería preferible.

CAROLINA

Ferney, octubre de 177...

Mi vida no ha carecido de preocupaciones, tal como os he ido contando para entreteneros en mis cartas. Pero nada sé por experiencia propia de los tormentos y las alegrías que causan los hijos. A veces siento nostalgia de esas zozobras desconocidas. Sin embargo tal carencia sólo se refiere a los hijos de carne y sangre, los que podría haber tenido Arouet; Voltaire, en cambio, ha sido padre y ciertamente prolífico. De esos otros hijos e hijas —tragedias, cuentos, poemas—, de sus partos dolorosos, de los esfuerzos por asegurarles un puesto en la buena sociedad, de los combates contra quienes querían corromperlos o emponzoñarlos, conozco todo lo que la paternidad puede enseñar. El apellido Arouet morirá conmigo: espero que el de Voltaire me sobreviva en ellos. Mi más ferviente deseo, señora, es que cuando recibáis estas líneas vuestro muchacho goce nuevamente de la salud que le corresponde, para poder seguir disfrutando los libros y las enseñanzas que la atenta sensibilidad de su madre ha de garantizarle.

Me pedís noticias del otro mundo: como merecéis menos que nadie que se os engañe, confesaré que no las tengo ni buenas ni seguras. Al comienzo de nuestra correspondencia os comenté que el hombre no puede tener más que un cierto número de cabellos, de dientes y de ideas y que llega un momento en que pierde necesariamente esos cabellos, esos dientes y esas ideas. Yo, por ejemplo, de los primeros no tengo ya ninguno, bajo la peluca que disfraza mi cráneo desguarnecido; me quedan cuatro o cinco de los segundos, lo que me condena a una dieta de puré, pero aún guardo un puñado de las últimas, en cuya administración pongo sumo cuidado: os las confío porque sé que con vos están seguras. Permitidme el estilo indirecto, sin embargo, como definitiva precaución. He conocido a un hombre que estaba convencido de que el zumbido de la abeja no sobrevivía a la muerte de ésta: y en este caso, lo válido para las abejas lo es también para las avispas... Este hombre creía, como Epicuro y Lucrecio, que nada era tan grotesco como pensar que un ser infinito podía salir de un ser finito, para además gobernarlo muy mal. Añadía que era verdaderamente disparatado conciliar lo mortal con lo inmortal. Afirmaba que nuestras sensaciones eran tan difíciles de comprender como nuestros pensamientos y que para la naturaleza o para el autor de ella no resulta más difícil dotar de ideas a un animal de dos patas que dotar a un gusano de sensaciones. Decía que la naturaleza había ordenado las cosas de tal modo que nos era indispensable pensar con la cabeza, exactamente lo mismo que no podíamos menos de andar con los pies. Comparaba al hombre con un instrumento musical que deja de emitir sonidos cuando se rompe. Aseguraba que es evidente que el hombre, al igual que los demás animales, las plantas y quizá todos los restantes seres del Universo, ha sido creado para ser y para dejar de ser. Y opinaba que ese modo de pensar debe consolarnos de todas las amarguras de la vida, las cuales son tan reales como inevitables.

Este hombre de que os hablo, siendo ya tan viejo como Demócrito, solía como aquel sabio griego reírse con su boca desdentada de las cosas de este mundo. Tampoco yo puedo contener la risa cuando oigo decir que los hombres seguirán teniendo ideas cuando ya no tengan sentidos. Cuando un hombre pierde su nariz, esa nariz perdida forma tan escasamente parte de él como de la estrella polar. Si pierde todas sus partes y deja por tanto de ser un hombre, ¿no es un poco raro decir que le queda el resultado de todo lo que ha perdido? Tan probable veo que coma y beba después de su muerte como que tenga ideas después de fallecer: ambas proposiciones son igualmente inconsecuentes aunque muchos pueblos las han tenido por simultáneamente ciertas.

Desde luego, os envío estas noticias empaquetadas con un embalaje de dudas. Comprendo que la duda no es un estado muy agradable pero la seguridad es un estado ridículo. Algunos escépticos proclaman sus dudas para aniquilar la confianza en la razón e insinuar la conveniencia de retornar a la fe: en Pascal se encuentran ejemplos de esta actitud. Los dómines de la universidad, en cambio, descartan toda duda y responden con aplomo a las cuestiones más opacas: la divisa de Montaigne era «¿qué sé yo?» y la de estos académicos podría ser «¡qué no sabré yo!» Me parece que la actitud filosófica es distinta a cualquiera de estas dos. Como todo lo que quiere tener vigencia y eficacia, el espíritu humano debe reconocer sus límites. La razón puede ampliar poco a poco sus márgenes, pero no anularlos ni ignorarlos. Sabemos unas cuantas cosas precisamente porque renunciamos a saberlo todo: el sabio no es quien pretende saber más sino quien mejor conoce lo que no puede saber. Y por supuesto se distingue porque renuncia a pontificar sobre lo aún desconocido o sobre lo incognoscible: ni se le pasa por la cabeza perseguir a otro por sus opiniones sobre tan abismales perplejidades. Sé que mi voluntad mueve mi brazo y sé que no puede hacer funcionar mi hígado, pero ignoro el porqué tanto de lo primero como de lo segundo; conozco numerosos atributos de la materia y varias propiedades del espíritu, pero no puedo explicar qué son en el fondo estas dos sustancias ni siquiera si son dos distintas o más bien el anverso y el reverso de una sola. Etc., etc... Y aún hay enigmas más terribles. Hace unos años, la ciudad de Lisboa fue destruida casi completamente por un terremoto. Era un primero de noviembre y las iglesias de la capital estaban abarrotadas de fieles que honraban a los difuntos: decenas de miles de personas fueron a reunirse con ellos bajo los escombros de los templos. Los menos piadosos tuvieron más suerte al quedarse en casa. ¿Una señal de que a Dios le gusta ironizar a veces? Perecieron inocentes y culpables, niños y ancianos, los que iban a suicidarse ese mismo día y los que anhelaban vivir aún cien años: los malhechores y los que tenían talante benéfico. ¿Por qué? ¿Fue un castigo indiscriminado? ¿Una broma trágica? ¿Un azar sin meta ni propósito? Compuse un dolorido poema sobre el desastre, del que os copio unos versos:

¿Qué soy, dónde estoy, a dónde voy, de dónde
[vengo?
Somos átomos atormentados sobre este montón de
[barro,
a los que la muerte devora y de los que la suerte
[se burla,
pero átomos pensantes, átomos cuyos ojos

guiados por el pensamiento han medido los cielos;
en el seno de lo infinito lanzamos nuestro ser
sin poder ni por un momento vernos y conocernos.
El mundo es un teatro de orgullo y de error,
lleno de infortunados que hablan de la felicidad.

Ahora, bastantes años después, este tono me parece demasiado melodramático. Mi actitud actual se asemeja más a la del viejo Fontenelle, que solía terminar nuestras charlas de astronomía suspirando: «Bueno, es ridículo ir subidos en una cosa que gira y atormentarnos tanto...»

¿Desesperación? Es cierto que no está en nuestras manos modificar las leyes de la naturaleza, cuya vocación cruel demuestra el terremoto de Lisboa, ni los hábitos del comportamiento humano, que son tan mezquinos como vos me describíais en vuestra carta. Pero al menos podemos intentar la mejora de las leyes sociales que los hombres han establecido y por tanto los hombres pueden revocar; bajo normas mejores, las costumbres se suavizan y los humanos, sin cambiar de índole, cambian de hábitos. Quizá no os parezca mucho pero para mí es bastante. En la medida que me resulte posible, quisiera humanizar a los hombres; por lo demás, me alejaré a un rincón para ponerme a salvo de los vicios que no puedo remediar y para reírme sin peligrosas consecuencias de ellos. Por esa razón compré este territorio de Ferney, en suelo francés pero junto a la frontera con Ginebra: ahora tengo un pie en Francia y otro en Suiza, lo que me permitirá poner ambos en polvorosa si los fanáticos de aquí o de allá deciden castigarme por no compartir su locura. Oigo hablar mucho de libertad pero no creo que haya en Europa un particular que se haya asegurado una como la mía. Que siga mi ejemplo quien quiera o quien pueda.

Como recordaréis, mi padre me hizo estudiar la carrera de abogado, que no he necesitado ejercer nunca para ganarme la vida. Sin embargo últimamente, en la vejez, he debido emplear mis conocimientos jurídicos para salvar la vida de otros o al menos su buen nombre. Constato así que el derecho está cortado a mi medida: es una ciencia que puede ser tratada como un arte, es positivo, es útil, está lleno de malos usos y buenos propósitos, se vuelve letal cuando lo contamina la teología, requiere de quien lo practica con maestría, ingenio sutil y dotes teatrales... Me parece que la mayoría de los hombres han recibido de la naturaleza suficiente sentido común para darse leyes, pero no todo el mundo tiene el suficiente sentido de la justicia como para que esas leyes sean buenas. Hay que servirse muy finamente de la razón para poder distinguir los matices de la rectitud y de la deshonestidad. Lo más difícil de todo, el derecho, es ejercer bien la facultad de *castigar*. Que unos hombres imperfectos castiguen por sus imperfecciones a otros es algo problemático aunque sea socialmente necesario. En el momento de aplicar las penas legales es cuando más humanidad hay que demostrar, porque la tentación brutal de lo inhumano está próxima.

Por eso considero tan importante como admirable la obra sobre los delitos y las penas compuesta por el señor marqués de Beccaria, que yo he traducido del italiano en sus partes más destacadas y comentado en referencia a nuestra legislación francesa. Se denuncian allí prácticas tan atroces como la tortura, indignas de un siglo que se dice ilustrado. Por medio del tormento no se descubre ninguna verdad, sino sólo la capacidad para soportar dolores bestiales de algunos sospechosos, sean inocentes o culpables. Y ¿qué decir de la pena de muerte? El castigo debe buscar la regeneración por la sociedad de uno de sus miembros, no su amputación. La desproporción entre la pena de muerte y la mayoría de los delitos por los que se aplica resulta evidente. Durante mi estancia en Inglaterra tuve el capricho de anotar la lista de las fechorías castigadas con el patíbulo en aquel país, al que considero jurídicamente más civilizado que el nuestro: eran más de cien, entre ellas por supuesto el asesinato y la traición, pero también la falsificación de moneda o de documentos, la sodomía, la quiebra con ocultación de activo, el hurto en las casas de más de cuarenta chelines, el hurto en las tiendas de más de cinco chelines, la mutilación o robo de ganado, el atentado contra un recaudador de contribuciones, el corte de árboles en una avenida o en un parque, el envío de cartas con amenazas, la ocultación de la muerte de un marido o de un hijo, la caza de un conejo, la participación en un disturbio, la demolición de un molinete de portazgo, la fuga de la cárcel, el sacrilegio, etc., etc... En lugar de ser el bien más precioso, la vida humana está en los códigos al precio de unos centavos o sirve para expiar la transgresión de un cercado.

Os preguntaréis, amiga mía, cómo llegué a verme envuelto en pleitos legales. No ha sido en virtud de mi competencia como abogado, sino por mi arraigada costumbre de defender a la humanidad ofendida. Al poco tiempo de haberme instalado en Ferney, un viajero que provenía del Languedoc me contó el caso de un viejo protestante de Toulouse que había sido ahorcado por asesinar a su hijo al saber que el muchacho había decidido convertirse al catolicismo. El proceso tuvo conmocionada durante cierto tiempo a la opinión pública de la ciudad, porque Juan Calas —el supuesto asesino— era un comerciante muy conocido y universalmente respetado por su honradez. Al principio consideré el asunto como un ejemplo más de los crímenes a los que empuja el fanatismo religioso. Pero poco a poco me fueron llegando más detalles de lo ocurrido que aumentaron mi interés y también mi horror. El hijo de Calas, Marco Antonio, era un joven de humor sombrío y dado a la introspección, aficionado a leer el célebre monólogo del príncipe Hamlet y las páginas que Séneca dedica al suicidio. Se sabía que había fracasado en sus estudios y que no deseaba convertirse en mercader como su padre: no hay constancia alguna de que pensara hacerse católico. Una noche, mientras toda la familia Calas cenaba con un amigo, el joven Marco Antonio abandonó muy agitado la mesa y bajó con un pretexto al vestíbulo. Más tarde, cuando su hermano Pedro acompañaba al visitante a la puerta de salida alumbrándole con una vela, le encontraron ahorcado en una de las vigas del piso bajo. Todo indicaba el suicidio, pero algún católico intransigente que detestaba a este próspero protestante insinuó que la familia podía haberle asesinado para evitar que se hiciera católico.

¿Por qué un padre tierno y amable iba a cometer semejante atrocidad, cuando otro de sus hijos ya se había hecho católico por influencia de una sirvienta y tanto el joven como la criada seguían viviendo con Calas en perfecta armonía? ¿Cómo un anciano iba a poder ahorcar a un joven vigoroso como Marco Antonio? ¿Le ayudaron la pobre madre, también anciana, los hermanos del difunto y el invitado que cenaba con ellos? Pero entonces

¿por qué sólo se juzgó y condenó a Juan Calas, si los culpables habían de ser todos o ninguno? ¿Quién había oído a Marco Antonio expresar su deseo de cambiar su religión por la fe católica? Los mil absurdos del caso fueron pasados por alto por los jueces del parlamento de Toulouse, influidos por el griterío creciente de los devotos. Se celebraron solemnes funerales por Marco Antonio Calas en una iglesia toda adornada de blanco, presidida por un esqueleto colgado del púlpito que había sido prestado por algún médico de la localidad, macabra alegoría que llevaba en una de sus garras un papel con la leyenda «abjuración contra la herejía» y en la otra la palma del martirio. Los jueces interrogaron por separado a todos los miembros de la familia y al amigo invitado, sometiéndoles a tormento. Finalmente condenaron a muerte a Juan Calas. El verdugo le rompió los miembros del cuerpo y le hundió el pecho a golpes con una barra de hierro. Luego fue atado a la rueda para que pereciera tras una larga agonía y como remate su cuerpo fue quemado públicamente. Durante tantos suplicios, Juan Calas no perdió la entereza ni dejó de proclamar su inocencia y la de su famlia. Al sacerdote católico que le atendió en sus últimos momentos le hizo esta última confesión: «Muero inocente. Me consuela recordar que Jesucristo, que era la inocencia misma, quiso morir en un patíbulo aún más injusto que el mío. No siento dejar la vida, pues creo que voy a otra mejor. Pero lloro por mi mujer y por mis hijos, a los que veo envilecidos y arruinados; y el pobre forastero al que creí hacer un obsequio invitándole a mi mesa aumenta mi pesar.» El sacerdote quedó convencido de la sinceridad de estas palabras finales de quien no por protestante dejaba de parecerle un hombre cabal.

Y sin embargo nadie levantó un dedo en favor de Calas. La destrozada familia se refugió en Ginebra y tuve ocasión entonces de invitarles a Ferney y de escuchar de sus propios labios la narración completa del caso. Señora, soy muy viejo. He visto cometer a lo largo de mi vida muchas injusticias, grandes y pequeñas. Mi impotencia para impedirlas o repararlas me obligó siempre a desentenderme de ellas. Pero este caso me sublevó hasta lo más hondo, como si en él se concentrara toda la estupidez y toda la crueldad a cuyo espectáculo he asistido durante decenios. Decidí que al menos por una vez el atropello fanático no había de prevalecer. A partir de ese momento y durante cuatro años, la rehabilitación de Juan Calas y la denuncia pública del procedimiento seguido contra él se convirtió en la gran tarea de mi existencia. Escribí a todas las altas personalidades que conozco, al duque de Choiseul, al rey de Prusia, a Catalina de Rusia, a cuantos podían utilizar su influencia para lograr la revisión del proceso. Naturalmente, los beatos cerraron filas contra mí, sosteniendo que incluso aunque se hubiera cometido una injusticia valía más colgar a un protestante inocente que manchar la reputación de ocho magistrados del Languedoc. Pero yo insistí, insistí e insistí. Llegué a escribir diez, veinte cartas diarias que lanzaba desde Ferney en todas direcciones. Movilicé todas las conciencias ilustradas de Europa: si se han de cometer injusticias, impidamos que nunca más sea en silencio. Intervino finalmente el Parlamento de París y la sentencia de Toulouse fue casada. La gente vitoreaba a los jueces por la calle y lo más emocionante es que el día de la reparación se cumplían exactamente tres años del suplicio de Calas. El rey concedió a la desdichada viuda treinta y seis mil libras como ínfima compensación por sus humillaciones y sufrimientos. El nombre de Juan Calas dejó de ser el de un execrable parricida y se convirtió en símbolo de la inocencia pisoteada por la obcecación. De ninguna de mis obras literarias o filosóficas me siento tan contento como de haber llevado a bien esta empresa.

A partir de la solución del asunto Calas comenzaron a llegar a Ferney todo tipo de denuncias sobre abusos judiciales semejantes. El primero fue el de la familia Sirven, también protestantes y también de Toulouse, cuyo problema tenía numerosos puntos en común con la tragedia de los Calas. Aún más espeluznante resultó la condena contra dos jóvenes de la Picardía, el caballero de La Barre y el señor D'Etallondes, ninguno de los cuales había cumplido aún los veinte años. Por lo visto se habían cruzado con una procesión sin descubrirse y más tarde alguien los oyó cantar entre copas una canción irreverente: fue suficiente para que se les achacase el destrozo de un viejo crucifijo que presidía el puente de Abbeville, hecho caer probablemente por algún carro. El obispo de Amiens intervino con entusiasmo en esta ridícula cruzada y consiguió que el joven D'Etallondes fuese condenado a sufrir la amputación de la lengua hasta la raíz y de la mano derecha, todo ello ante la puerta principal de la catedral, tras lo cual sería atado y quemado a fuego lento. Afortunadamente el muchacho pudo huir y se refugió en Ferney, para contarme su caso y pedir ayuda. Pero el caballero de La Barre no tuvo tanta suerte: fue decapitado y luego quemado ante una muchedumbre a la vez horrorizada y divertida. Los franceses tienen algo de arlequines antropófagos... Al subir al cadalso, el desventurado adolescente comentó con serenidad: «No creí que se pudiera matar a un joven por tan poca cosa.» Cuando constató la reacción mayoritariamente adversa ante esta sentencia, el nuncio la criticó discretamente y dijo que en Roma no hubiera podido llevarse a cabo la ejecución. Es singular la capacidad de la Iglesia católica para no ser nunca menos cruel de lo que le permite su poder social, ni más tolerante de lo que le imponen las circunstancias históricas. Quizá dentro de doscientos años, cuando la extensión general de los principios filosóficos haya minado su prestigio dogmático, la veamos presentarse como adalid de los mismos derechos humanitarios cuya defensa hoy considera clara muestra de impiedad. Por ello y más que nunca: ¡aplastemos al Infame!

Pese a mis esfuerzos durante diez años, nada pude hacer para rehabilitar a los dos jóvenes ni logré que se reconociera la sevicia incompetente de sus jueces, aunque al menos favorecí cuanto pude al señor D'Etallondes para que rehiciera su vida en otros países europeos. Tuve más suerte en el caso del conde de Lally-Tollendal, un oficial injustamente decapitado tras la pérdida de las Indias acusado de haber traicionado los intereses del rey y cuyo nombre logré limpiar de infamia. También conseguí que se devolviera su prestigio a la memoria de un labrador ejecutado en la rueda por un crimen que el verdadero culpable confesó unos meses después. Sin duda tiene su importancia proclamar que han tenido lugar tales y cuales injusticias, porque así se previenen otras. Pero mi primer objetivo era evitar que se cometieran y no el obligar a reconocer que se habían cometido. En la causa contra los esposos Montballi, de Saint-Omer, no pude evitar que se ejecutara contra toda razón al esposo, aunque al menos logré la libertad de su mujer. Y después conseguí que los campesinos del país de Gex, entre los que vivo en Ferney, se vieran libres de la ley de manos muertas y gabelas que tantas penurias les acarreaba. Cuando se firmó el acuerdo, aparecí en el balcón del Ayuntamiento para dar la noticia a la multitud congregada en la plaza y les grité sólo una palabra: «¡Libertad!» Ellos vitorearon al rey y también, disculpad la inmodestia, a mí. No os aburriré con más hazañas jurídicas. El azar y también el desorden histórico de los tiempos me han convertido en una especie de última instancia de apelación para quienes se sienten atropellados por las instituciones o arbitrariamente silenciados. «¡Avisad a Voltaire!», dicen entonces. Y yo les escucho siempre y procuro ayudarles. Se me ha reprochado que en ocasiones he sido demasiado crédulo o me he equivocado, poniéndome del lado de algún culpable. Os confieso que, si fue así, no me remuerde la conciencia por ello. Me escandaliza menos la impunidad de algunos culpables que el castigo aplicado a inocentes; cuando ese castigo es la tortura o la pena de muerte, no lo quiero ni para inocentes ni para culpables.

Aquí, en Ferney, voy consiguiendo instaurar un rincón de modesta beatitud. ¿Recordáis mi poema *El mundano*?: «El paraíso terrestre está donde yo estoy.» Quizá termine por hacer efectivo ese verso, el más importante de los que he escrito en toda mi vida. A mis campesinos libres de gabelas les he traído el arado más perfecto que existe, pues a la vez labra, siembra y cumple todas las demás tareas. Es un buen regalo y ellos lo saben emplear dignamente. Ampliando el consejo de Cándido, yo no sólo cultivo mi jardín sino también mis huertas y mis campos. Soy lo que mis amigos ingleses llaman un *gentleman-farmer*. En la Biblia se nos llamaba «patriarcas», título que corresponde mejor a mi edad canónica y al número de personas que dependen de mí, aunque no sea por vínculos consanguíneos. También me dedico a la ganadería, criando bueyes y caballos. Los aires del terruño me ponen a veces de humor rabelesiano: hace unos días, el padre Adam y yo engatusamos a una mocita quinceañera para que se viniera con nosotros a ver cómo los garañones cubren a las yeguas. ¡Tendríais que haber visto su sonrojo y sus deliciosas palpitaciones ante un espectáculo que sin duda le resultó evocador!

Pero no me imaginéis licencioso casi a título póstumo. En mis dominios he levantado una iglesia, quizá el único templo que no se dedica a ningún santo ni virgen, sino sólo al simple y puro Dios. En su frontispicio he grabado lo siguiente, a fin de que no quepan dudas: «*Deo erexit Voltaire.*» La he erigido para Dios y sólo para rendirle culto a Él. Si se me consintiera predicar allí (no me faltan ganas de hacerlo), mi sermón sería muy breve: «Los fanáticos nos dicen que Dios apareció en tal tiempo, que predicó en una pequeña ciudad y que endureció los corazones de sus oyentes para que no creyesen en él: vamos, que les habló y a la vez les tapó los oídos. El mundo entero y vosotros, queridos hermanos, debéis reíros de esos fanáticos. Lo mismo digo de todos los dioses que se han inventado. Y lo mismo condeno a los monstruos de la India que a los de Egipto. Compadezco a las naciones que se han alejado del Dios universal por idolatrar a tantos fantasmas de dioses particulares.» Bien pensado, considero que este sermón es más propio para vuestros oídos que para los de mis posibles feligreses. En el atrio de la iglesia, junto a la entrada, he dispuesto un rincón para mi tumba, de tal modo que los guasones puedan preguntarse si estoy dentro o fuera. Además de esta capilla, como supondréis, también he construido un pequeño pero cómodo teatro: quiero que todas mis devociones estén bien atendidas.

¿A qué dedico los ratos que me dejan libres mis obligaciones agrícolas y mis tareas literarias? A la más antigua y la más perentoria de las obligaciones humanas: a la hospitalidad. Vivo permanentemente acompañado de parientes más o menos próximos presididos por mi sobrina, prófugos a los que nadie brinda cobijo y algún que otro jesuita a quien la expulsión de la orden ha dejado sin oficio. Pero mis miras son más amplias. Me considero el anfitrión del mundo. Aquí se alojan viajeros no sólo de toda Europa, sino también de ultramar y de oriente. Nadie les pregunta sus creencias con tal de que respeten las de los demás. No necesitan exhibir salvoconductos, les basta el certificado innato de su humanidad. Se les recibe cordialmente y nadie apresura su marcha: no quiero parecerme a los reyes que conocemos ni tampoco a la propia vida, que suele ser inhóspita. En Ginebra, los burgueses han excluido de todos sus derechos cívicos a quienes llaman «nativos», es decir, a los hijos de los forasteros que fueron a trabajar a la ciudad. No les exigen limpieza de sangre para trabajar en labores serviles pero sí para intervenir en la gestión de la comunidad a la que benefician. Cansado de intentar mejorar sin éxito su suerte, he alojado en mi pequeña comunidad a veinte o treinta familias de nativos ginebrinos. Se dedican a fabricar excelentes relojes que yo promociono entre todas las personas pudientes y de buen gusto que conozco. Ya hemos vendido varias docenas a la emperatriz Catalina, a Federico de Prusia, al duque de Choiseul, al conde de Argental... ¿No os interesarían, señora, unos cuantos relojes de Ferney? Si me enviaseis una miniatura de vuestro retrato, la incluiríamos en la tapa de cada uno de ellos, uniendo así lo hermoso a lo útil. Os aseguro que el funcionamiento de nuestros relojes es impecable: marcan la hora presente y señalan la venidera, la de la amistad sin fronteras entre los humanos.

Si yo fuese sensato, no desearía sino que mis últimos años —que serán meses o semanas tan sólo, teniendo en cuenta mi salud y mi edad— transcurrieran en estas tareas que acabo de contaros. El trabajo no me falta sino más bien el tiempo para llevarlo a cabo. Corrijo mis escritos anteriores para que aparezcan sin falsificaciones ni cortes en las obras completas que un editor está preparándome. Mi correspondencia es cada vez más copiosa, hasta el punto de que mi secretario Wagnière y dos ayudantes más apenas pueden atenderla. Y os aseguro, querida amiga, que no siempre la obligación de escribir una carta es tan grata como cuando sois vos la destinataria... Sin embargo, mi sensatez no llega hasta el colmo de haberme hecho del todo sedentario. Desde hace unos días, me aguijonea de nuevo la inquietud, esa inquietud que ha sellado mi existencia y que yo siempre he atribuido a presiones ajenas, aunque ahora veo que contó con mi complicidad. Señora, deseo volver por última vez a París. En los primeros meses del año próximo el señor Lekain va a estrenar allí mi tragedia *Irene*. ¿No sería una buena ocasión para intentar volver? Pisar de nuevo un teatro parisién, observar personalmente cómo el público reacciona ante mis versos, abrazar al conde de Argental y a la señora de Deffand, conocer personalmente al señor Diderot, asistir a una reunión de la Academia francesa, oír el acento que acompañó mi infancia junto a las orillas dulcemente turbias del Sena... Es una locura, ya lo sé. El viaje es demasiado largo, resultará forzoso hacerlo en invierno, los caminos son malos, el frío atroz, yo apenas tengo fuerzas y sólo sobrevivo apoyado en rutinas de las que deberé alejarme. Por otro lado, aunque el nuevo rey ha tomado algunas disposiciones que indican tolerancia y hasta nombró por cierto tiempo ministro a nuestro amigo el filósofo Turgot, la corte no me ha hecho llegar ningún signo de simpatía: es más, he oído decir que la reina María Antonieta siente por mí una aversión que huele a insidias de confesionario. Y sin embargo cada vez estoy más decidido a emprender la aventura. El doctor Tronchin me extiende anticipadamente el certificado de defunción si lo intento, pero llevo toda mi larga vida traicionando los fúnebres pronósticos de los médicos. Y a fin de cuentas, qué más da. Ahora estoy vivo y el resto de lo que me aguarda es silencio, como asegura Hamlet en uno de los pocos momentos decentes del indecente teatro de Shakespeare. Sí, el resto será silencio. Pero antes del silencio, aún puedo volver a París.

VOLTAIRE

Madrid, octubre de 177...

Señor, mi hijo Francisco ha muerto. Siguió durante todo el día en estado febril y por la noche entró de nuevo en delirio: antes del alba había dejado de existir. Don Íñigo está muy conmocionado por este golpe a su linaje; era nuestro único hijo, su heredero, y mi edad ya no autoriza a pensar que podamos tener más. Su fortuna se dispersará entre parientes, su título de nobleza irá a parar a una rama colateral de la familia. De modo que mi marido ha perdido ciertamente mucho. Yo lo he perdido todo. Con mi niño enterré ayer mi oficio y mi contento. ¡Mis obras completas, si lo preferís! Dudo que vos, amigo mío, con vuestra vida magnífica y cumplida, celebrada por tantos, coreada por todos, repleta de páginas inmortales y de gestos inolvidables, podáis calibrar mi dolor como madre y mi frustración como mujer. Es el horror de la nada, pero no de la nada súbita en la que todo acaba sino de una nada que se prolonga, en la que debo de ahora en adelante acostumbrarme a vivir puesto que no tengo valor para dejar de hacerlo.

Me dicen que aún me quedan muchas cosas, un marido que me ama, posición social, amigos, joyas... ¡joyas! Sólo una era valiosa para mí y ya se ha ido. Por favor, no me humilléis ofreciéndome consuelos. Debo agradeceros que hasta ahora siempre me habéis tratado con la camaradería de la inteligencia. Espero que no vayáis a ofenderme en este trance exhibiendo baratijas para distraerme, como si fuese una niña o una imbécil. Vos y yo sabemos que en este mundo nada merece la pena, salvo ser Voltaire.

CAROLINA

Ferney, octubre de 177...

No es ya a los hombres a quienes me dirijo; es a ti, Dios de todos los seres, de todos los mundos y de todos los tiempos: si les está permitido a las débiles criaturas perdidas en la inmensidad e imperceptibles para el resto del universo atreverse a pedirte algo, a ti que todo lo das y todo lo retiras, a ti cuyos decretos son tan inmutables como eternos, dígnate mirar con piedad los errores ligados a nuestra naturaleza; que esos errores no sean la fuente de nuestras calamidades. No nos has dado un corazón para odiarnos ni manos para degollarnos; haz que nos ayudemos mutuamente a soportar la carga de una vida penosa y pasajera; que las pequeñas diferencias entre los vestidos que cubren nuestros débiles cuerpos, entre todos nuestros lenguajes insuficientes, entre todos nuestros usos ridículos, entre todas nuestras leyes imperfectas, entre todas nuestras opiniones insensatas, entre todas nuestras condiciones tan dispares ante nuestros ojos y tan iguales ante ti, que todos estos pequeños matices que distinguen a los átomos llamados *humanos* no sean señales de odio y de persecución; que los que encienden cirios en pleno mediodía para celebrarte soporten a los que se conforman con la luz de tu sol; que los que cubren su traje con una tela blanca para decir que hay que amarte no detesten a los que dicen lo mismo bajo un ropón de lana negra; que sea igual adorarte en una jerga formada a partir de una lengua antigua o en una jerga más nueva; que aquellos cuya indumentaria está realzada en rojo o en violeta, que dominan sobre una pequeña parcela de un pequeño montón del barro de este mundo, y que poseen unos cuantos fragmentos redondeados de cierto metal, disfruten sin orgullo de lo que ellos llaman *grandeza* y *riqueza*, y que los otros los contemplen sin envidia: pues tú sabes que no hay en estas vanidades nada que envidiar ni nada de lo que enorgullecerse.

¡Ojalá puedan los hombres recordar que son hermanos! ¡Que todos tengan horror a la tiranía ejercida sobre las almas, como execran el bandolerismo que arrebata por la fuerza el fruto del trabajo y de la pacífica industria! Si es que los flagelos de la guerra son inevitables, al menos no nos odiemos ni nos desgarremos unos a otros en el seno mismo de la paz. Empleemos el instante que dura nuestra existencia en bendecir igualmente en mil lenguas diversas, desde Siam hasta California, tu bondad que nos ha concedido este instante.

Señora, sabed que mi pensamiento está con vos: desconsolado y desconsolador, pero próximo. Adiós, amiga mía, adiós. Vuestro

VOLTAIRE

NOTA FINAL

Un espíritu tan fino como el de José Bianco, comentando la obra de Nancy Mitford que cito más adelante en mi bibliografía, desautoriza de antemano el proyecto de un libro como éste: ¿para qué volver a repetir con ironía y elegancia las viejas anécdotas, agudezas y lecciones que el propio Voltaire contó ya con ironía y elegancia insuperables? En efecto, si bien siempre es caprichoso y poco satisfactorio conjeturar en primera persona lo que un escultor o un caudillo pensaron de sí mismos, aún es más difícil cuando se trata de un gran escritor. No sé si Voltaire habría compartido todos los criterios que le presto sobre el mundo y sobre su propia obra: de lo que estoy seguro es de que los hubiera expuesto mejor. Cuanto más barroco o chocante es el estilo de un literato, más fácil es hacer su pastiche: en ciertos casos el propio interesado se dedica a ello en los momentos bajos de su inspiración. Pero el transparente encaje de malicia y ligereza que es la prosa volteriana se rompe al tratar de duplicarlo y sólo deja en los dedos un polvillo luminoso como el que desprenden las alas de una mariposa cuando el coleccionista la atraviesa con un brutal alfiler. Siempre que me fue posible, he reproducido en las cartas que preceden las pa-

labras mismas de Voltaire, para evitar el ridículo de pretender superar lo inimitable. En el resto de los casos me he atenido al menos a la norma volteriana de la claridad y la precisión, la única del todo imprescindible para evocar su tono.

Pese a todo el reproche de Bianco sigue en pie: ¿por qué repetir a Voltaire o lo que ya sabemos de él, en lugar de releerle? Ahí van mis excusas. Desdichadamente ni el siglo de Voltaire ni las ideas del patriarca de Ferney son hoy tan universalmente conocidas entre los lectores de lengua castellana como para hacer del todo superflua esta modesta aproximación a su figura y a su época. Su obra inmensa está escasamente traducida y la mayoría de las piezas breves más jugosas son inencontrables para el público común, por no hablar de su oceánica y fascinante correspondencia. Por otra parte, la confrontación de los países europeos más ilustrados con la España dieciochesca que pugnaba por ilustrarse tiene menos comentarios no especializados de los que merecería, aunque ya hay varias novelas recientes entorno a este tema (pienso, por ejemplo, en El bobo ilustrado, *de José Antonio Gabriel y Galán). Mi apócrifa condesa pretende en sus cartas aportar, con tendencioso desparpajo, algunas claves divulgadoras sobre este período, amasado a la par con frustraciones y esperanzas.*

Sin embargo, mi motivación personal para escribir este libro no es tan pausadamente pedagógica como las excusas anteriores podrían dar a suponer. En nuestros días se da una notable reacción antiilustrada: no la revisión crítica de un período cuyas luces también tuvieron sin duda sombras, sino la hostilidad o la ridiculización de sus principales valores y la exaltación de los opuestos. Se nos recomienda cambiar el cosmopolitismo por el na-

cionalismo para recuperar la comunidad perdida, renunciar al racionalismo para mejor potenciar la intuición o lógicas «paralelas» (que suelen ser en realidad para lelos*), se convierte el universalismo ético en una abstracción vacía, cuando no ofensivamente etnocéntrica, se condena el hedonismo como causa de los males de la sociedad de consumo y el individualismo político como raíz de la insolidaridad desordenada en que vivimos, se desdeñan los planteamientos utilitarios para descubrir la fervorosa espiritualidad de papas, ayatolás, rabinos y* tutti quanti, *se potencian los filósofos que hablaron en jerigonza de la tierra y el destino frente a los «triviales» pensadores de la convención social y las libertades públicas... En fin, para qué seguir. La moda es antiilustrada y veo que todo lo que detesto vuelve a estar de moda. Contra tal tendencia he escrito este libro —como antes otros de los míos— a modo de reivindicación de un ideario que sigo considerando perentorio y de homenaje a quienes, con su coraje y su lucidez, lo hicieron posible.*

La figura de Voltaire ha suscitado todo tipo de reacciones desde hace dos siglos menos la indiferencia. Algunos de los elogios que se le han tributado suenan casi ofensivos, como el del abate Galiani: «Voltaire no es amado por nadie ni ama a nadie. Es temido: tiene su garra y eso basta. Volar alto y tener garras, he ahí lo que distingue a los grandes genios.» Probablemente Nietzsche amaba a Voltaire por razones parecidas a las del ingenioso abate. En cambio algunos de sus detractores le han dedicado ataques casi honrosos, como el de Marcelino Menéndez y Pelayo: «Voltaire es más que un hombre, es una legión; y a la larga, aunque sus obras ya envejecidas llegaran a caer en el olvido, él seguiría viviendo en la memoria de las gentes como símbolo y encarnación del espíritu del mal en el mundo.» No falla aquí el olfato reaccionario de don Marcelino. Voltaire es algo más que un escritor y sin duda cosa muy distinta que un simple filósofo: es un estado de ánimo, una actitud intelectual. Su obra acompaña sólo a quien la conoce, pero su sombra sigue al lado de analfabetos que ignoran hasta su nombre, aunque no vacilan en burlarse de la unción del obispo o de la prepotencia brutal del comisario.

Aprendí a amar a Voltaire antes de leerle y por la vía más eficaz, o sea detestando a quienes lo detestaban: curas, gazmoños, pedantes y visionarios. Luego leí la preciosa biografía de André Maurois y el estupendo fresco histórico de Will y Ariel Durant, por cuyo humanismo filosófico sin aspavientos siento perdurable cordialidad. Simpaticé con Bertrand Russell porque una reseña le presentaba como «el Voltaire de nuestro tiempo». A lo largo de los años, Voltaire se ha ido haciendo mi amigo y yo he ido haciendo muchos amigos volterianos. Por su parte Cioran, a quien tanto debo, me hizo aficionarme a los epistolarios de damas como la señora de Deffand o Julia de Lespinasse, de las que pretende ser prima literaria nuestra amiga Carolina de Beauregard.

Mi libro no aspira desde luego a la erudición, pero está bien documentado: no he inventado más que lo imprescindible y siempre a partir de datos verificados... Las obras que menciono en la bibliografía en modo alguno agotan el tema (para eso están los catálogos de la Voltaire Foundation) pero todas han sido leídas o releídas para componer este Jardín de las dudas. *No se mencionan los títulos manejados del propio Voltaire ni de otros autores dieciochescos, como Casanova, en cuyas* Memorias *figura un encuentro con Voltaire y una estancia en España que me han sido muy sugerentes. Agradezco a Ricardo Artola la indicación de esa fuente.*

Concluido el libro se produjo el secuestro por ETA del industrial Julio Iglesias Zamora. Muchos defectos y miserias tuvo Voltaire, pero al menos dejó claro al lado de quienes nunca *hubiera estado: cada vez que asistí a una manifestación donostiarra contra ese secuestro y contra los terroristas estuve seguro de contar con su aprobación e incluso de representarle.*

BIBLIOGRAFÍA

AGUIRRE, Jesús (duque de Alba), *El conde de Aranda y la reforma de espectáculos en el siglo XVIII*, discurso de entrada en la Real Academia Española, Madrid, 1986.

DOMÍNGUEZ ORTIZ, Antonio, *Carlos III y la España de la Ilustración*, Alianza Editorial, Madrid, 1989.

DURANT, Will y Ariel, *La edad de Voltaire*, Ed. Sudamericana, Buenos Aires, 1973.

ESPINA, Antonio, *Voltaire y el siglo XVIII*, Ed. Júcar, Madrid, 1975.

FURBANK, P. N., *Diderot. A Critical Biography*, Minerva Ed., Londres, 1993.

GAY, Peter, *The Enlightenment: An Interpretation. The Rise of Modern Paganism*, Norton and Co., Nueva York-Londres, 1977.

GAY, Peter, *The Enlightenment: An Interpretation. The Science of Freedom*, Norton and Co., Nueva York-Londres, 1980.

GOULEMOT, Jean-Marie y LAUNAY, Michel, *Le siècle des Lumières*, Éditions du Seuil, París, 1968.

HAMPSON, Norman, *The Enlightement*, Penguin Books, Londres, 1968.

HERR, Richard, *España y la revolución del siglo XVIII*, Aguilar, Madrid, 1988.

MAUROIS, André, *Voltaire*, Ed. Juventud, Barcelona, 1965.

MITFORD, Nancy, *Voltaire in Love*, Hamish Hamilton, Londres, 1984.
ORIEUX, Jean, *Voltaire ou la royauté de l'esprit*, Flammarion Ed., París, 1977.
POMEAU, René, *Voltaire par lui-même*, Éditions du Seuil, París, 1970.
POMEAU, René (dir.), *Voltaire en son temps. 1.— D'Arouet à Voltaire. 2.— Avec Madame Du Châtelet. 3.— De la Cour au Jardin*. Voltaire Foundation, Oxford, 1988, 1991.
PUJOL, Carlos, *Voltaire*, Ed. Planeta, Barcelona, 1973.
SARRAILH, Jean, *La España Ilustrada de la segunda mitad del siglo XVIII*, F. de C. Económica, México-Madrid, 1992.
VARELA, Javier, *Jovellanos*, Alianza Ed., Madrid, 1989.

NOVELAS GALARDONADAS
CON EL PREMIO PLANETA

1952. EN LA NOCHE NO HAY CAMINOS. *Juan José Mira*
1953. UNA CASA CON GOTERAS. *Santiago Lorén*
1954. PEQUEÑO TEATRO. *Ana María Matute*
1955. TRES PISADAS DE HOMBRE. *Antonio Prieto*
1956. EL DESCONOCIDO. *Carmen Kurtz*
1957. LA PAZ EMPIEZA NUNCA. *Emilio Romero*
1958. PASOS SIN HUELLAS. *F. Bermúdez de Castro*
1959. LA NOCHE. *Andrés Bosch*
1960. EL ATENTADO. *Tomás Salvador*
1961. LA MUJER DE OTRO. *Torcuato Luca de Tena*
1962. SE ENCIENDE Y SE APAGA UNA LUZ. *Ángel Vázquez*
1963. EL CACIQUE. *Luis Romero*
1964. LAS HOGUERAS. *Concha Alós*
1965. EQUIPAJE DE AMOR PARA LA TIERRA. *Rodrigo Rubio*
1966. A TIENTAS Y A CIEGAS. *Marta Portal Nicolás*
1967. LAS ÚLTIMAS BANDERAS. *Ángel María de Lera*
1968. CON LA NOCHE A CUESTAS. *Manuel Ferrand*
1969. EN LA VIDA DE IGNACIO MOREL. *Ramón J. Sender*
1970. LA CRUZ INVERTIDA. *Marcos Aguinis*
1971. CONDENADOS A VIVIR. *José María Gironella*
1972. LA CÁRCEL. *Jesús Zárate*
1973. AZAÑA. *Carlos Rojas*
1974. ICARIA, ICARIA... *Xavier Benguerel*
1975. LA GANGRENA. *Mercedes Salisachs*
1976. EN EL DÍA DE HOY. *Jesús Torbado*
1977. AUTOBIOGRAFÍA DE FEDERICO SÁNCHEZ. *Jorge Semprún*
1978. LA MUCHACHA DE LAS BRAGAS DE ORO. *Juan Marsé*
1979. LOS MARES DEL SUR. *Manuel Vázquez Montalbán*
1980. VOLAVÉRUNT. *Antonio Larreta*
1981. Y DIOS EN LA ÚLTIMA PLAYA. *Cristóbal Zaragoza*
1982. JAQUE A LA DAMA. *Jesús Fernández Santos*

1983. LA GUERRA DEL GENERAL ESCOBAR. *José Luis Olaizola*
1984. CRÓNICA SENTIMENTAL EN ROJO. *Francisco González Ledesma*
1985. YO, EL REY. *Juan Antonio Vallejo-Nágera*
1986. NO DIGAS QUE FUE UN SUEÑO (MARCO ANTONIO Y CLEOPATRA). *Terenci Moix*
1987. EN BUSCA DEL UNICORNIO. *Juan Eslava Galán*
1988. FILOMENO, A MI PESAR. *Gonzalo Torrente Ballester*
1989. QUEDA LA NOCHE. *Soledad Puértolas*
1990. EL MANUSCRITO CARMESÍ. *Antonio Gala*
1991. EL JINETE POLACO. *Antonio Muñoz Molina*
1992. LA PRUEBA DEL LABERINTO. *Fernando Sánchez Dragó*
1993. LITUMA EN LOS ANDES. *Mario Vargas Llosa*

Este libro se imprimió en los talleres
de Cayfosa Industria Gráfica
Ctra. Caldes, km 3,7
08130 Santa Perpètua de Mogoda
(Barcelona)